2040年の防災DX

村上建治郎

Digital Transformation for
Disaster Prevention in 2040
Kenjiro Murakami

講談社　日刊現代

はじめに

　2024年が明けてすぐの1月1日午後4時10分。石川県能登地方を震源とする最大震度7の地震が発生した。マグニチュード7.6と推定されるこの地震は、正月休みで帰省した人、また観光で能登を訪れて初詣や家族団らんを楽しんでいた人々に、甚大な被害をもたらした。

　石川県では408人の死者（うち災害関連死181人）と3人の行方不明者を出し、家屋の全壊・半壊も相次いでいる。被害は新潟県や富山県など合わせて9つの府県におよび、合計で1756人の死傷者、13万6590棟の住家被害が発生する大災害となった（2024年10月29日内閣府及び総務省消防庁発表に基づく）。
　輪島市では朝市で知られる一帯で大規模な火災が発生し、近隣の約240棟が焼損した。道路が寸断され、消防や救助のための緊急車両が通れなかったことも、火災が拡大する一因となったと言われている。

　実は、能登半島周辺では、2020年12月頃から群発地震が続いて起こっていた。2023年の5月、ゴールデンウィークの只中にはマグニチュード6.5、最大震度6強（石川県珠洲市）の地震が起きている。このときも死傷者が発生

し、震源から遠く離れた大阪府阿倍野区の「あべのハルカス」でも、エレベーターが緊急停止する状況だった。

　私たち株式会社Spectee（スペクティ）は、東日本大震災におけるボランティア活動に端を発した、災害情報の解析と配信を専門に行っているベンチャー企業である。
　これまでに地震に限らず大雨や台風、洪水などの自然災害や、さらにはテロ、紛争などの国際間リスクに関する情報をリアルタイムに解析するサービスを、企業や自治体・国などに提供している。

　スペクティではSNSを通じて発せられた、1月の「令和6年能登半島地震」を含む一連の地震における各地の状況を分析し速報で伝えてきた。
　だが、SNSに投稿される情報の中には、多くの誤情報や“フェイク”が含まれる。災害に伴うデマというのは最近になって特に増加したわけではなく、1923年の関東大震災などでも見られたように昔からある現象だ。
　ただ、近年ではAIを使って偽の画像を生成するなど、技術の発展とともに手口が巧妙になっている。SNSを使ったコミュニケーションが当たり前になった現代では、その影響は計り知れない。

　たとえば、「夫婦で建物の下敷きになって動けない」と救助を求める投稿が、輪島市の住所の記載とともに発せら

れた事例がある。地震発生から数時間後の、緊迫した状況下でのこの投稿は、多くの人の目に触れた。

ところが、これを読んだ消防局が実際に記載された住所を訪れると、そこに住む住人は無事で、自宅も柱の損傷など比較的軽微なものだったという。

そこに住む男性は、「投稿にはまったく身に覚えがない」と後の取材で語っている。男性のもとにはその後も警察官などが救助に向かっており、偽情報によって現場が惑わされる状況が続いた。

このケースでは同じアカウントが発信を継続し、閲覧数は全体で7200万回にのぼっている。

こうしたフェイク投稿は、本来必要な救助を遅らせ、人的被害を拡大させる。事実、石川県の消防署は間断なく続く救助要請に対応が追いつかず、一分一秒も無駄にできないぎりぎりの状況だった。

スペクティではAIなどを活用して情報の真偽を判定する技術に加え、チームで投稿の真偽を見極めるファクトチェックの体制を整えており、SNSに飛び交う無数の投稿から正確な情報を自治体をはじめ関係機関に提供している。投稿された場所を地図上にプロットし、投稿者のアカウントをさかのぼって確認、その地域で暮らす実在の人物なのか、現場で投稿できる可能性があるのか、そういった細部までを確認し、真偽を見極めていく。投稿される画像

やテキストの情報だけでなく、現場の地形や周辺状況、気象庁などから発表される公的な情報も重ね合わせながら、小さな違和感を見逃さず"フェイク"を排除する。

　災害時に偽の投稿が横行するのは、その時々の話題に便乗してインプレッションを稼ぐためと推測される。今回の地震に限らず、大雨被害や大規模な事件・事故などたくさんの人が関心を向ける領域に対し、閲覧数と拡散の増加を期待して偽の投稿をアップするのだ。

　中には単に、面白半分で生成した画像を投稿するケースもある。静岡県で発生した河川の氾濫では、フェイク投稿を行った本人がメディアの取材で名乗り出てきたこともある。防災をめぐるテクノロジーやシステムは年々発展しているが、一方ではこうした負の側面もまた進化しているのだ。

　1995年の阪神淡路大震災での個人的なボランティア活動に始まり、2011年の東日本大震災で感じたメディア報道と現地の状況とのギャップを経て、スペクティは誕生した。SNSの利用が浸透し、マスコミに依存しない情報流通が確立された現在、SNS上に流れる情報が防災に果たす役割は創設当時と比べても拡大している。

　東日本大震災からまもなく14年が経つ。この間、技術は大きく進化した。振り返ってみると震災発生当時、スマートフォンの保有者数は約1割ほど。LINEはまだ存在していなく、人工知能（AI）という言葉は一般の人には

ほとんど馴染みのないものだった。

　今では、AIは身近な存在となりつつあり、ドローンやロボットの技術も年々進化している。Society5.0の社会がもう目前に迫っている。

　そして、次の14〜15年が経過すると2040年になる。

　スペクティのCEOとして2冊目の上梓となる本書では、その**2040年に実現しているであろう新しいテクノロジーに焦点をあて、防災DXの近未来像と、そこに至るために考えられる様々な問題点や課題、そして国内外の実例**を紹介する。

　その根底にあるのは、信頼に足る正確な情報のタイムリーな提供と、AIによるデータ解析を基盤とした「危機の可視化」を目指す、スペクティとしての神髄である。

　人類が過去に積み重ね、いまも蓄積し続けている情報群をもとに、高い確度で未来を予測する。防災DXをめぐる現在地を明らかにし、そこから導き出される未来の可視化を通じて、激甚化する災害から一人でも多くの生命を守ることが、私たちの使命だと考えている。

　本書の出版が、そんな未来の実現に向けた一助となれば、幸いである。

目　次

はじめに ———————————————————— 3

第 1 章
2040年、「防災DX」はここまで変わる

6つの観点から考える、近未来の防災の姿 ———————— 12

1.AI　フェイク情報など懸念はあるものの、
活用範囲は広いSNS ———————————————— 14

2.ドローン　即時対応可能な体制づくりが課題 ———————— 22

3.ロボティクス　体制の整備で、
今後の活躍が期待される分野 ———————————————— 26

4.デジタルツイン　現実世界をそっくり
サイバー空間に移設した"電子的双子"の世界 —————— 34

5.人工衛星　世界的な連携でソースを
活用する未来はもう目前 ———————————————— 40

6.インターコネクティッドの世界
すべてのヒト・モノ・コトが繋がる世界で防災はどう変わるか ——— 48

第 2 章　日本の自治体の課題・問題点

能登半島地震の現場で何が起こっていたか ——————————— 56

防災DXをはばむ壁①「予算の壁」 ——————————— 60

防災DXをはばむ壁②「庁内の壁」 ——————————— 66

防災DXをはばむ壁③「地方議会の壁」 ——————————— 72

重要なのは首長のリーダーシップ ——————————— 76

アンケート調査に見る自治体の課題 ——————————— 80

自治体における防災DXの活用事例:福井県のケース ——— 84

災害大国・日本の知見を活かせ ——————————— 94

第 3 章　企業における防災DX戦略

気候テック、脱炭素の潮流 ——————————— 106

期待される大学系ベンチャーキャピタル ——————————— 114

サプライチェーン全体をDXで守る ——————————— 120

巨大流通グループ　イオンにおける
防災DX体制の事例 ——————————— 130

企業の防災DX戦略を活かすのは、人である ——————————— 134

期待される日本の新技術①「トヨタ自動車の全固体電池」—— 138

期待される日本の新技術②
「デジタル社会を下支えする半導体製造装置」———————— 142

第4章 | グローバル ケーススタディ 防災DXの世界の動き

Society5.0で向上する「OSINT」の精度 —————— 148

欧米と日本、アジアの防災DXの違い —————— 156

海外およびグローバル社会における、
防災DXの具体的事例 ————————— 164

おわりに —————————————— 173

第 **1** 章

2040年、「防災DX」はここまで変わる

In 2040, Disaster Prevention DX will change so much

Disaster prevention in the near future,
from six perspectives

6つの観点から
考える、
近未来の
防災の姿

半導体産業界には、「ムーアの法則」と呼ばれるセオリーがある。

「半導体メモリにおける集積率は18ないし24カ月で2倍になる」というもので、インテルの創業者ゴードン・ムーアが経験則をもとに提唱したものだ。

事実、ムーアの言った通り、半導体は高集積化と低コスト化を実現し続け、目覚ましい発展を遂げてきた。

私は、**AIをはじめとした防災をめぐる各種のテクノロジーも、これと同じように日々進化と革新を続けていくに違いない、**と確信している。

防災に関係する先進技術は、主に「AI」「ドローン」「ロボティクス」「デジタルツイン」「人工衛星」「インターコネクティッドの世界」の6つのカテゴリーで捉えることができる。各カテゴリーのテクノロジーやノウハウはそれぞれ独自に発展しながら、相互に連携して防災における大きな役割を果たしていくことになるはずだ。

そこで本章では、2040年という比較的近い未来を想定して、それまでに防災においてどのような世界の到来が予測されるのか、先に掲げた6つの観点から考えてみようと思う。

第1章／2040年、「防災DX」はここまで変わる　　13

Artificial Intelligence

AI

フェイク情報など懸念はあるものの、活用範囲は広いSNS

　ChatGPTやMicrosoft Copilotの出現で、AIはより身近なものになってきている。

　以前は「人工知能」という漠然としたイメージで捉えられていたが、本書の執筆時点（2024年4月）では、AIと言えば「蓄積された膨大な量のデータを参照・学習して、それをもとに最適な解を導き出すシステム」のことだと一般に認識されてきている。

　こうしたAIの立ち位置は、今後も基本的には変わらないだろう。ただ2040年の近未来を見据えたとき、**その精度と活用範囲はさらに拡大していく**と予想される。

　2023年はChatGPTに代表される生成AIが、広く一般に普及した年だ。

　しかし、翌2024年1月1日に発生した能登半島地震では、防災や災害対策の面でAIが活躍するシーンはあまり多く見受けられなかった。

　能登半島地震で重要な役割を果たしたのは「ソーシャルネットワークサービス（SNS）」だ。テレビで報道される現場の映像は、たとえばお天気カメラなどの定点的なものが多い。周辺の道路は寸断され、混乱する被災地に中継車を入れるわけにもいかない中、動画や画像付きで盛んに投稿されたSNSを通じた被害報告は、被災地で何が起きて

いるかを人々が把握するのに、大きく貢献した。

　その一方で、いわゆるフェイク情報、デマ情報の問題も顕在化してきている。

　台風15号の影響で洪水被害が発生した2022年の静岡の例では、画像生成AIが作成したと思われる偽画像が、X（旧Twitter）にアップされる事案が発生した。これを本物の画像と思い込んだ多数のユーザーによって、わずか1日で5600件以上も拡散されている。

　このケースでは、のちに投稿した本人がAIを用いて作成したフェイク画像であったことを認めている。災害に便乗し注目を集めようとするものや、閲覧数（インプレッション）の増加による収益分配を狙ったような手口が、近年増加しているのだ。

　生成AIの精度が高まるにつれ、フェイク画像のクオリティもまた向上していく。以前であれば不自然さが際立ち、見破りやすかった偽画像も、年々見分けがつきにくくなっている。

　これに対抗するには、熟練した人の目による真贋チェックに加え、やはりAIを用いたファクトチェックの技術向上が重要になってくるだろう。

　静岡の事例においては、現実の地形との相違や建物の不

自然な形状から、AIがフェイクと判定するのは容易であったが、最近はその不自然さを補正するAIが登場している。こうした、**デマ情報の発信とその真贋判定をめぐる、AI技術の「いたちごっこ」は当面繰り返されるであろう。**

　スペクティが2020年5月に実施した自治体対象のアンケート調査では、災害時のSNS情報について、8割以上の自治体がその有用性を認めている。

　その一方で、「誤情報で困った」経験があると答えた回答者は49.1％と、ほぼ半数にのぼった。災害時のSNS活用においては、大きな課題のひとつである。

　SNS以外でAIを活用した防災に期待がかかっているのは、予測と自動化の側面である。現時点ではいまだ研究段階のものも多いが、2040年までには技術が確立され、様々なシーンで社会実装されていくだろう。

　現在稼働しているものとしては、気象情報を軸に世界市場でサービスを展開しているウェザーニューズの例がある。

　同社は、台風の襲来に備えて発生するであろう停電の予測情報を、AIを活用して提供している。

　同様に、雨雲レーダーの情報をAIによって補完し、予測精度を上る試みも行われている。雨雲レーダーは、本来的には地上に設置されたセンサーの情報をもとに、降雨予

第1章／2040年、「防災DX」はここまで変わる　17

図1−1　災害時におけるSNS情報に有用性を感じますか?

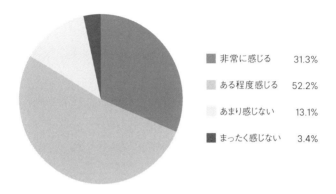

図1−2　個人として、SNSなどネット上の
　　　　誤った情報で困った経験はありますか?

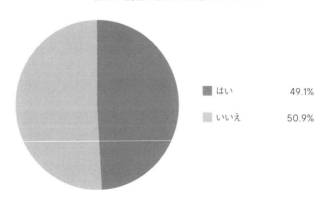

※調査対象:地方自治体で防災関連業務に従事する職員
　調査時期:2020年5月

出典:スペクティ社「災害発生時の情報集に関する調査」をもとに作成

想を導き出すものだ。ウェザーニューズはセンサーを置くことができない海上の状況をAIに予測させ、雨雲の様子を仮想的に作り出す技術を公開している。

こうした「見えない部分、情報が不足している部分をAIによって補完する」という技術は、家電などの**IoT情報の活用**にも非常に有効だ。

人感センサーを用いて、人が来ると照明が点いたり、エアコンの風向きを変えたりする仕組みは、すでに普及が進んでいる。これを災害対策や救助に活用しようというものだ。

避難指示が出された場合に、対象となる地域の建物内にまだ人が残っているのか、また、家の中のどこにいるのか。避難誘導や人命救助には重要な情報となるが、その確認を人が直接行うのは危険を伴い、また時間も必要となる。

一刻を争う避難行動に際して、**家電から送られてくる情報をもとに残留者の有無等を判定できれば、人命救助の効率が飛躍的に上がる**はずだ。

同じようなことが、**自動車の走行データ**にも言える。

トヨタ自動車では、カーナビで得た走行情報をクラウドに集約し、ビッグデータとして活用するサービスを試験的に開始している。これを使えば、災害によって寸断された

第1章／2040年、「防災DX」はここまで変わる　　19

道路の状況や、避難経路の混雑状況をリアルタイムで把握することが可能だ。

　AIを活用して、避難指示を自動化する技術の開発も進んでいる。2021年スペクティと名古屋市は河川の氾濫を予測し自動的に避難指示を出す仕組みの実証実験を行った。AIが過去の水害データを学習し、大雨や台風のときに、いつ頃河川が危険水域に達するのか、河川のどの部分が氾濫し、街なかにどのように浸水が広がるのかを予測する。

　その予測をもとに自動的に該当する地域に避難指示を出す。これまで人の判断に頼っていた避難指示をAIが行うことで、判断の遅れや曖昧性を無くし、的確に避難指示を出せる。まだ実験段階ではあるが、こうした災害現場における防災対応の自動化の質はAIによってもっと進んでいくであろう。

　家電や車などが収集したデータは、これまで個別に独立して集約されてきた。この種の情報を防災の視点で活用できるのならば、参照するデータの質と量が従来に比して格段に進歩する。

　それによりAIの予測の精度や現場の作業の自動化は確実に向上するだろう。

日常生活の中で収集できる様々なデータをAIで解析し、

いざというときに防災に活用することで被害の拡大を未然に防ぐ。それが可能な社会が、2040年の未来には実現しているかもしれない。

Use of drones in disasters

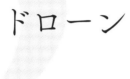

ドローン

即時対応可能な体制づくりが課題

　2022年度は、ドローンを用いたビジネスが大きく伸長を見せた。

　IT関連メディアを運営する株式会社インプレスによると、同年における国内ドローンビジネスの市場規模は前年比で33.7％増となっている。これは、2022年の12月に航空法の新ルールが施行され、**有人地帯における目視外飛行、いわゆる「レベル4飛行」が解禁**になったためだ。

　たとえば、群体ドローンを使って夜空に変化する図形を描いたり、インフラ設備の調査や点検で活用されたり、農林水産業において導入されたりするなど、従来よりも多くの分野で利用されるようになった。

　人が直接臨検することが困難な場所での有用性が認識され、ドローン活用の市場性が大きく広がったのである。そのため、2024年の元日に発生した能登半島地震では、ドローンを用いた救助・支援活動に大きな期待が寄せられた。

　しかし残念ながら、**能登でのドローンの活躍は限定的なものにとどまった。**

　発生と同時にドローンを扱う事業者が、現地に既に集結していたにもかかわらず、である。

　自衛隊ヘリコプターによる救援活動に支障が生じないよう、1月2日には被災地上空でのドローン飛行の禁止措置

が出され、メディアは一斉にそれを報じた。これ受けドローンによる災害対応のムードは一気に収縮してしまった。災害対応のためにドローンを飛ばすには各自治体からの個別の要請が必要となった。1月4日に輪島市からドローンなどの無人航空機の産業団体「一般社団法人日本UAS産業振興協議会（JUIDA）」に支援要請が上がり、ようやくドローンを用いた活動を開始したのが1月5日である。災害発生から既に4日も経過していた。

意外に知られていないのだが、2024年の**現在、市販されているドローンでも100kg程度の重さなら楽に運搬が可能**だ。

水や食料だけでなく、機械資材やロボットを運んだり、場合によってはヘリに代わって被災者の身体を吊り下げたりするなど、迅速で機動的な動きができるのだ。

ハードとしては十分に活用できるレベルに達しており、残る課題はソフト面ということになる。

つまり、即時救援に必要なだけのドローンの台数と、それを動かせるだけの技量を有した人員の確保、そしてそれらを指揮できるだけの的確な情報体制の確立である。

元日ということもあり、能登では行政機関の体制も万全ではなかった。突然起こった地震への対応に追われながら、必要な場所へ必要な台数を飛ばすことのできる環境を整えるのは、困難であったろうと思われる。

ドローンのポテンシャルを最大限に活用するためには、普段から災害の発生を想定し、あらかじめドローン事業者とともに体制を整えておくことが有効である。

　そのうえでドローンを扱う担当者の技能習熟を図り、自治体や各方面との調整を行う統合的なポジションを設置するなどの、統括的な視点が不可欠である。それができれば、ドローンによる災害支援の可能性はさらに広がっていくはずだ。

　2023年2月にトルコ・シリアで発生したマグニチュード7超の大地震では、夜間の救助作業に際して、ドローンによる上空からの照明が功を奏した事例がある。

　また水中で活動するドローンの実用化も進んでいる。広島県の廿日市市消防本部は、福島県郡山市にあるスペースワンの協力を得て2020年10月、水難救助現場での水中ドローンを活用した捜索実験を行った。溺水や減圧症の心配をすることなく水中捜索活動ができるため、津波や水難などでの救助に期待がかかるところだ。

　東日本大震災では、宮城県南三陸町の職員が最後まで防災無線で住民に避難を呼びかけ、押し寄せた津波で命を落とした。このような悲劇も、ドローンや自動音声といったテクノロジーを活用すれば、防ぐことができるようになるのではないだろうか。

第1章／2040年、「防災DX」はここまで変わる　　25

Development of Robotics

ロボティクス

体制の整備で、今後の活躍が期待される分野

　ここ数年、線状降水帯と呼ばれる自然現象が日本各地で猛威を振るっている。

　2020年7月には、九州地方で発生した豪雨が河川の氾濫や土砂崩れを引き起こし、甚大な被害をもたらした。

　このとき、熊本県や大分県で災害復旧支援に提供され、注目を集めたのが、サイバーダインの装着型サイボーグ「HAL（Hybrid Assistive Limb）腰タイプ作業支援用」だ。

　HALは、高齢者介護や医療の現場で介護者・被介護者双方の負担を軽減したり、工場などでの重作業を支援したりする目的で開発された。人体の微弱な生体電位信号を検出して動作する仕組みを有し、「サイボーグ型ロボット技術」の分野で特許を取得している。

　熊本や大分の豪雨災害では、がれきの除去や土砂にまみれた家具の運び出しなどに活躍が期待され、地元のボランティア団体に30台が無償提供された。

　能登半島地震の際にも、崩れた残骸の撤去や捜索にこのHALが力を発揮するものと思われたのだが、実際には現場で稼働することはなかったようである。

　東京理科大学発のベンチャー企業イノフィスの「マッスルスーツ」は、電力を使用せず、空気圧で稼働する人工筋肉のはたらきで重たいものでも簡単に運ぶことができるな

ど、人の動作を補助する装着型のパワーアシストスーツである。

　比較的に誰でも簡単に使え、女性でも災害時のがれきの撤去など重たいものを運ぶ作業が容易にできるようになる。

　そういった利点から、イノフィスを含むパワーアシストスーツを開発する6社が能登半島地震では被災地に無償提供を行った。重装備なロボットではなく、こうした安価で軽量、かつ量産が可能なものであれば防災用途での自治体へ配備には向いているだろう。

　こうした機器や装備を使いこなすには、ドローンと同様に日ごろから準備をしておく必要がある。そういう機材がある、ということは知っていても、**混乱状態のなかで対応に追われる災害復旧の現場でロボットなどを有効活用するには、やはり体制の整備が不可欠**なのだ。

　さらに言えば、ドローンやロボットが持つポテンシャリティを十二分に発揮するためには、事業者からの無償提供ばかりに頼っていては不十分だ。

　災害が起こると、現地での即時支援のため事業者から機材が無償で提供されることが、しばしばある。

　それはそれで素晴らしいことではあるが、機材を使いこなすだけの知識や技術を持った職員は、そう簡単には育成できない。防災を前提とした予算を自治体としてしっかり

図1-3　株式会社イノフィスのマッスルスーツ エブリィ

出典：株式会社イノフィス　ホームページより

組み、必要な台数のドローンやロボットを普段から確保して緊急時に備えておくことが重要だ。

　災害復旧というと、どうしても道路工事などの土木関連や、家屋の建て替え、耐震補強などが優先されがちである。
　しかし被害を最小限に抑えるためには、先進テクノロジーを活用する戦略の立案と展開、およびDXの整備といった方面にも、理解と関心を向けなければならない。

　東京都町田市のサンリツオートメイションが開発した遠隔操作クローラーロボットは、災害時に自動で水やがれきの中を進むことができる。
　ただ、災害対応のみを事業の対象領域としていたのでは、ビジネスとしての採算がとれない。
　そこで、普段は地下水路や配管の保守点検に使用でき、災害時には復興支援に転用することを想定して、軽量化や防水設計に力を注いだそうである。事業者の側も、非常時に即応するためにまずビジネスが成立する状況を作り出そうと、日夜努力を重ねているのだ。

　我が国では、災害への対応がテクノロジーを世に広く知らしめ、進化させるきっかけとなることが多いが、翻って**海外、特に欧米ではこれを推し進めるのは、主に軍事である。**

ドローンも自律型ロボットも、軍事技術がベースとなって発達してきた。最近では「UGV（Unmanned Ground Vehicle: 無人地上車両）と称される、いわゆる地上型ドローンが出現しているが、これももともとは軍事技術を転用したものだ。

　ロシアとウクライナ間の戦争は、2024年5月の原稿執筆時点でまだ継続中だが、ここではAIが状況を判断して戦闘を行う「完全自律型兵器」が既に実用化されている。ロボットが自動で攻撃する、史上初めての戦場だ。

　新アメリカ安全保障センターのポール・シャーリ氏によれば、AIと兵器との組み合わせが、標的を索敵・特定し攻撃する過程を短縮するのみならず、戦略と作戦の立案の領域をも侵食する可能性があるという。

　私たちはデジタルテクノロジーによって「一人でも多くの生命を救う」ことを願い、ツールの開発を行っている。軍事によって進展した技術が、戦争という用途に用いられることなく民生品に転用され、平和的に利用されることをひたすら願うものである。

**　さてこのUGVだが、能登半島地震でも試験的に導入されている。**

　陸上自衛隊がX（旧Twitter）の公式アカウントでその模様を2024年1月17日にポストしている。輪島市で孤立した住民を2次避難所に移送する支援活動に際し、現地投入されたのだ。

このときの主要な任務は、避難経路の偵察と操作訓練だった。四足歩行の動物のような形状をしており、「ロボット犬」とも呼ばれている同機は、2023年に自衛隊へ6体の導入が発表されていた。開発元は、米フィラデルフィアに本社を置くGhost Robotics（ゴースト・ロボティクス）である。

　カメラとセンサーを用いて視界環境を共有、10kg程度であれば荷物の積載も可能とのことで、避難時の安全確保や要救助者の捜索活動、情報収集など、今後は活用範囲が広がっていくのではないだろうか。

　ロボットの範疇をやや超えてしまうが、防災や災害支援に活かせる先進的なテクノロジーは、まだまだたくさんある。

　砂漠のように水道へのアクセスが困難な場所で、安心安全な水の供給を実現する、東京都中央区にあるWOTA（本社・東京都中央区）の小規模分散型水循環システムもそのひとつだ。

　このシステムの最大の特徴は、これまで下水に流してしまっていた生活排水を貴重な水源としてとらえ直し、再生循環させる点にある。

　一度使用した水の98％以上が再利用できるため、上下水道が止まってしまう状況下でも普段通りにシャワーや手洗い、洗濯ができるようになるというものだ。能登半島地震では被災地6市町でシステムを供給、1日当たり約6000

組の入浴と約5万回の手洗いを可能にした。

眼鏡型のウェアラブル端末に、AR（拡張現実）やAI機能を連動させたスマートグラスも、実証実験から実用化の段階を迎えている。

ロックガレッジ（本社・茨城県古河市）が茨城西南広域消防本部と合同で実施した実用化試験では、ドローンが上空から捉えた映像をAIが解析、搜索対象者の位置情報をスマートグラスに映し出す連携を成功させた。

スマートグラスの普及が進めば、災害救助のみならず避難行動を安全に誘導するなど、未然に被害を防ぐ面でも活用が期待されている。

Simulation by Digital Twin

デジタルツイン

現実世界をそっくりサイバー空間に移設した"電子的双子"の世界

「デジタルツイン」とは、その名の通り「電子的に生成した双子世界」を意味する言葉だ。簡単に説明すると、**現実の世界をそっくりそのままデジタルの世界で再現するもの**である。

最も知られているのは、シンガポールにおける国家的プロジェクトだろう。シンガポール政府は、現実世界の地形や建物、道路網の3Dデータをデジタルで再現し、都市計画をはじめとする各種のシミュレーションに活用している。

わが国では、2020年に**国土交通省が主導して全国の都市を3Dモデル化し、オープンデータのプラットフォームとして民間と連携していく「PLATEAU（プラトー）」**を立ち上げた。

シンガポールもPLATEAUも、デジタルツイン計画の肝は「オープンデータ化」にある。

様々なプレイヤーが協働で参画することで、集積されるビッグデータに厚みが生じ、活用のアイデアの質や幅も広がっていく。知識と知恵の共有や情報の可視化を進め、社会変革イノベーションのダイナミズムを生み出そうという大きな目的がそこにあるのだ。

第1章／2040年、「防災DX」はここまで変わる　　35

デジタルツインを本当に使えるものにするためには、データの拡充が最も重要となる。

　よって、そこに蓄積されるビッグデータは都市データ、政府系データ、自治体データに始まり、IoT、防犯カメラ、センサー、衛星データ、SNS由来情報、カーナビのプローブデータ、スマートフォンを活用した人の行動情報、スマート信号やスマートポールといった市中に設置された公共機材から取得するデータなど、あらゆる要素を巻き込むものでなくてはならない。

　その結果、デジタルツイン上に再現される都市の3Dデータはただの3DCGではなく、都市空間の意味情報をも格納する、まさにSociety5.0の世界として視覚化される。

**　デジタルツインというバーチャル世界の解像度が上がってくれば、その利用範囲は無限に広がっていく。**

　デジタルツインは、まちづくりやモビリティ、エネルギー、地下配管インフラといった防災以外の分野を含む、包括的な視野で推進されているプロジェクトである。

　防災の観点から言えば、デジタルツインを使うことで災害発生時の被害の広がりを精密に再現することができるため、様々な災害を想定した避難訓練をバーチャルで行った

り、避難拠点の備蓄状況を可視化したりすることができる。

　また道路の混雑や不通、各種インフラの弱体化といった状況を想定して、支援や避難における最適解を導き出すなど、精度の高い使い方が可能となるだろう。

　また、単に被害状況をシミュレートするだけでなく、長年の懸案であった災害の「予測」にまで応用することも可能だ。

　企業や個人のアイデアを集約しながら、オープンイノベーションの渦を拡大していく。それこそがデジタルツインの真骨頂と言ってよいだろう。

図1-4 デジタルツイン

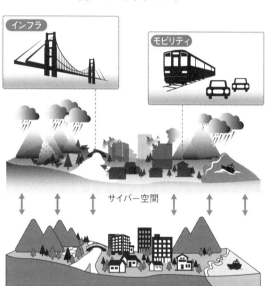

出典:「デジタルツインの構築」(国立研究開発法人防災科学技術研究所)より作成

図1-5　デジタルツインには様々なオープンデータが統合されていく

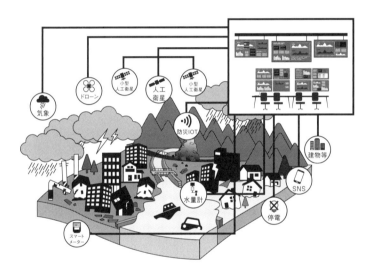

出典:「災害情報の広域かつ瞬時把握・共有」
(国立研究開発法人防災科学技術研究所)より作成

Get information quickly via satellite

人工衛星

世界的な連携でソースを活用する未来はもう目前

これからの防災に活躍が期待される5つ目の要素は、人工衛星だ。

近年の人工衛星および宇宙ロケットの打ち上げをめぐるトピックの過熱ぶりは、実に目覚ましいものがある。

イーロン・マスク氏が創業したスペースXの度重なる成功に続き、中国航天科技集団（CASC）が開発する長征も、連続して発射に成功した。「中国版スペースX」とも呼ばれるワンスペースもまた、プライベートロケットの開発と発売を実現化している。ニュージーランドから打ち上げられたロケットラボの「エレクトロン」には、日本の民間企業Synspective（シンスペクティブ）が開発した衛星が搭載されている。

わが国も本格的な参入を表明しているNASAの「アルテミス計画」では、2026年に有人月面着陸を目指している。こうした背景も、各国で宇宙開発が活性化する一因となっているようだ。

これを受けてか、**日本国内におけるロケット開発もまた隆盛が著しい。**

宇宙航空研究開発機構（JAXA）のH3を筆頭として、堀江貴文氏が支援するインターステラテクノロジズ、ANA・みずほグループなどが出資するPDエアロスペースなど、宇宙に目を向けた企業が数多く存在する。

スペースワンが和歌山県串本町で行った計画では、実証

第1章／2040年、「防災DX」はここまで変わる　41

実験を目的とした日本政府の情報衛星を搭載したロケット「カイロス」が、2024年3月13日に地表を飛び立った。多くの耳目を集めたものの、残念ながらカイロスは打ち上げ5秒後に空中で爆発、計画は失敗に終わっている。

　私は、**日本と海外とを比しても、宇宙開発にかける夢と情熱にそれほど差はない**と考えている。

　しかし、それを取り巻く環境には、大きな違いがあるような気がしてならない。

　海外の場合、宇宙ロケットや衛星の打ち上げは夢の追求である一方で、**しっかりとビジネスに直結するコンセプトを持つものが多い。**

　スペースXしかり、また米アマゾンの創業者ジェフ・ベゾス氏が設立した、ブルーオリジンしかりである。どちらも既存の領域で成功した大富豪が出資するプロジェクトであり、具体的なビジネスモデルをイメージして計画されたものだ。

　計画が軌道に乗ってビジネスが回り始めれば、得た利益を原資としてさらにプロジェクトが前進していくというサイクルが成立する。

　一方、**日本の状況は残念ながらまだそこまで成熟していない。**政府の補助金や助成金に依存する部分が大きく、いまだ検証や実験の段階にとどまっているケースがほとんど

だ。

　ビジネスとして成り立つまでには、まだ時間がかかるだろう。前述したシンスペクティブは、そういった背景もあり、国内ではなく海外のロケット事業者と組んで、その活路を探っている。

　やはり、ロケットや人工衛星といった宇宙開発事業は、アポロ計画やスペースシャトルなどの事例で先行したアメリカに一日の長があるといってよいだろう。それを追いかける形で中国が続き、その後を大きく遅れて日本が追随するという図式だ。

　UCS人工衛星データベースに基づいてフォーブス・ジャパンが報道したところによれば、**地球軌道上をゆく衛星の数はアメリカが3415基と圧倒的トップの地位を占めている**。

　続く中国は535基、3位の英国が486基だ。冷戦時代にアメリカと競っていたロシアは4位の170基、次いでようやくランクインする日本の衛星数は、ぐっと減って88基となっている（2022年5月時点の数値）。

　人工衛星の打ち上げは相応の資金力と技術力、そして運営ノウハウの蓄積を要するため、一朝一夕には確立しがたい事業なのだろう。

　そのため、十分な衛星技術を持たない東南アジア諸国で

第1章／2040年、「防災DX」はここまで変わる　　43

は日本の「ひまわり」のデータを利用して天気予報を行っている。

こうした友好国間では、「ひまわり」のように衛星データの共有が進んでおり、JAXAが運営する地球観測衛星データサイト「Earth-graphy」によると、日本の陸域観測技術衛星2号「だいち2号」やロシアの光学観測衛星「Kanopus-V N1」、アルゼンチンの「SAOCOM-1A」など、各国が協力して地表の観測データの提供や、解析支援を相互に行っている。

地震や洪水、豪雨被害に油の海洋流出、大規模火災、台風や火山噴火などの様々な災害に対し、衛星データを活用した国際協力体制が充実していけば、防災対策は一層の進展が見込まれるはずだ。

衛星の画像解析技術は、実際のところかなりのスピードで進化を続けている。

米国カリフォルニア州のパロアルトに本拠を置くオービタル・インサイトは、その名が示す通り、衛星からもたらされるデータを利用した、地理空間情報を提供するAI企業だ。この企業が広く知られるきっかけとなったのが、OPECやOECD加盟国における石油備蓄量の解析である。

はるか宇宙から**地表に並ぶ石油タンク群を衛星で撮影、その浮き屋根式の蓋の影から、タンク内の備蓄量を推計してみせた**同社のメソッドは、関連業界に衝撃を与えた。

他にも、スーパーマーケットの駐車場に停められた車数

の推移をもとに売上を予測するなど、衛星データとAI、機械学習の組み合わせは分析や予測の領域にイノベーションをもたらしている。2018年には初の海外拠点として、東京に事業所を設置している。

　人工衛星は地球の周囲を回っているので、**ある地点を撮影したいと思っても、そこが周回軌道の範囲に入るまで待たなくてはならない。**

　災害が起こった際にすぐ画像を手に入れるには、衛星データ事業者から購入する方が早道なのだ。

　その点日本の民間事業者の規模はまだ小さく、数が限られており解像度も高くない。JAXAに依頼すれば高品質の画像が入手できるのだが、周回軌道が合うタイミングを待つ必要があり、手続きもいささか煩雑である。能登半島地震の際、発生から数日で隆起分析に至ったケースで用いたデータは、ヨーロッパの民間衛星から購入したものだった。

　画像解析以外では、通信分野での活用にかけられた期待が大きい。

　日本でも受付が始まった**スターリンクは、スペースXの衛星を使ったインターネット接続サービス**である。

　極地や離島など通常の通信インフラが利用できない場所や、災害あるいは紛争などが原因で通信環境が阻害された

場合でも、このサービスを用いれば問題なくネットにつなげられる。能登半島地震やウクライナ戦争に際しても、スターリンクのサービスが提供され、有効に機能した。

2022年1月に起こったトンガの火山噴火では、海底ケーブルが破断してインターネットが使えなくなってしまったが、この時もスターリンクによって事なきを得ている。

スペクティでは、2022年11月から「Spectee BB by TDSC」という衛星インターネットサービスの提供を開始している。世界最大の衛星インターネット企業「インテルサット」のライセンスを有する株式会社TD衛星通信システムとの業務提携によるものだ。

地域的な問題からインターネットにアクセスできないデジタルデバイドの解消や、後述する企業のBCP（事業継続計画）を通信環境の側面からサポートする目的で、導入を進めた。

こうした技術によって、2040年までに衛星インターネット網は全地球をカバーするだろう。このネットワークを活用して、宇宙空間から地上の状況を常時モニタリングできるようになれば、**人間ドックのように、24時間、365日地球全体をリアルタイムでスキャニングし、取得する情報をもとに災害の発生や予測が可能になる**はずだ。残念なことに、この領域においても日本は競争に負けていると言わざるを得ない。

第1章／2040年、「防災DX」はここまで変わる　　47

Interconnected World

インター
コネクティッドの
世界

すべてのヒト・モノ・コトが繋がる世界で
防災はどう変わるか

「IoT」という言葉はすでに一般的にも馴染みの深いものになってきたのではないかと思うが、ここで改めて説明すると、「IoT」とは、Internet of Things の略で、直訳すると「モノのインターネット」、モノとモノ、あるいはモノと人とがインターネットを介して繋がることで自動通信や自動制御、遠隔からの操作や計測など、様々なことが可能になることである。

2000年代以降、クラウド技術の普及によりIoTは様々なシーンで広がりを見せています。今まさに、あらゆるモノがインターネットに繋がるIoTの世界が加速している。

IoTにより実現する未来社会

象印マホービンが発売した「みまもりほっとライン i-POT」は、実家で一人で暮らす高齢の親がお茶を入れるときに、インターネットに繋がったポットが離れたところに住む子どもにメールで通知を届けるというもの。とても単純な仕組みだが、"モノ"がインターネットに繋がり、通信し、離れていても家族は年老いた親の様子を知ることができ、安心感を得ることができる。

富士通ゼネラルは、エアコンとスマートフォンと連携し

た「どこでもエアコン」というアプリを提供している。たとえば帰宅時家に着く前に、スマートフォンからエアコンを操作し、ちょうど家に着いたときには適温になるようにすることができる。熱中症対策に、離れた両親や家族の家の温度を遠隔で確認したり調節したりすることも可能。他にも、冷蔵庫、洗濯機、掃除機といった様々な家電製品でネットワーク化が進んでいる。

家電データを災害時に活用

　スペクティでは、2024年パナソニックと共同で、「災害時における家電データの利活用」の実証実験を行った。

　2024年の元日に発生した能登半島地震では、多くの家屋が倒壊したが、半島という特有の地形や主要道路の寸断もあり、救援部隊を被災現場へ向かわせるのに困難を要した。限られた人員を効率的に回さなければいけないが、倒壊家屋がたくさんある中で、どの家屋に人が残っているのかを把握することは不可能に近かった。

　家電データを使って、倒壊家屋の中にまだ人が残っているのかを把握できないだろうか？

　災害時に住居の中に人がいるのか、もしくはすでに避難しているのか、また水害などでは家の二階など建物の上層階に避難する「垂直避難」が行われるが、その家屋では人

が今一階にいるのか、それとも二階にいて安全を確保しているのか、そういった情報をリアルタイムで知ることで避難誘導や救助活動は劇的に効率化する。

　たとえば、災害発生の直前の家電の使用状況がわかれば、人がいたのかどうかが推測できる。また、最近は人の動きに合わせて風の向きや温度を変えるエアコンなど、人感センサーを搭載する家電もあり、そういったデータを活用すれば、人が家のどこにいたのかなども把握できる。

　当然、個人情報には配慮しなければならないが、こうした家電などのIoTデータは災害対応にとっては、まさに宝の山と言えるデータの塊である。

　米国サンフランシスコのUCSF医療センターでは、入院患者の健康状態を腕時計型のウエアラブル端末を利用して、リアルタイムでデータ化し、医師や看護師などと共有している。心拍数、歩数、睡眠時間、加速度センサー等を使った動きや行動の履歴など、患者の健康状態は常に可視化されている。

　前述のSNSも人と人とを高度に繋ぐサービスのひとつであり、SNSの登場により、多くの情報が飛び交い、災害時には貴重な現場の状況を知ることができるようなった。

　そして、ネットワーク化する社会（インターコネクティッドの世界）はさらに進化し、人と人の繋がりから、人とモノの繋がり、モノとモノの繋がりへと発展し、あら

第1章／2040年、「防災DX」はここまで変わる　　51

ゆるものがインターネット上で高度に繋がり合い、通信し、情報交換できるようなってきた。

　近年はエッジ・コンピューティングの技術（たとえば家電などのモノそのものにAIを搭載して、自律的に動作できるようにする技術）も加速しており、繋がりあったモノ同士が自律的に判断や指示することも可能になっている。

「インターコネクティッドの世界」で 繋がる利点を防災に活かせ

　2040年において、おそらく最も進んでいるのは、この「インターコネクティッドの世界」の発展だと思う。その時は、もう世の中にネットに繋がっていないモノは存在しないのではないかと思うくらいである。

　防災対応においては、この繋がる利点はもっと活用しないといけない。政府の「Society5.0」もこの高度に繋がりあった社会が構想の起点となっている。先のスペクティとパナソニックの取り組みのように、ヒトやモノが繋がることで、今どこに要救助者がいるのか、今被災地の状況はどうなっているのか、避難所の様子はどうなっているのかなど、様々なことが見える化でき、より効率的で的確な災害対応が可能になる。

　2024年の現在は、まだ災害時のデータの利活用については、個人情報の問題、共通化されないデータのフォー

マット（仕様）の問題、データの所有権の問題など、課題が多い状況ではあるが、すべては人命救助に役立てるという視点で必ず乗り越えていかなればいけない課題である。

　ここまで述べてきたように、「AI」「ドローン」「ロボティクス」「デジタルツイン」「人工衛星」「インターコネクティッドの世界」の6つのカテゴリーは、2024年の現時点で相応の進化を続けている。

　2040年にはそれらの進化と連携がさらに進んで、これまでマンガや映画の中で描かれていたような技術が社会実装されるようになっているだろう。

　本章の冒頭で指摘したように、これまでも私たち人類は日々テクノロジーを進歩させてきた。中央集権で情報の流通がコントロールされていたweb2.0の時代から、今後は自律分散型のweb3.0の時代が到来する。ネットワークで共有される多様な情報ソースを基に、各個が相互にコミュニケートし、情報をカスタマイズしていくことで社会はより「データ駆動型」へと変わっていく。

　先進技術と相互コミュニケーションをうまく活用すれば災害が起こった際にその被害を最小限に食い止めるだけでなく、被害を未然に防ぎ、起こりうる自然環境や社会の変化をも予測して、あらかじめ十分な対応策を講じることが可能となるのだ。

私たちスペクティは、その一端を担う役割を負う責任を認識するとともに、災害をはじめとする危機から一人でも多くの人が救われることを、強く願っている。

第 **2** 章

日本の自治体の
課題・問題点

Issues and Problems of Japanese Local Governments

What was happening of the site of 2024
Noto Peninsula Earthquake

能登半島地震の
現場で何が
起こっていたか

はじめにでも触れたが、令和6年能登半島地震は、元日でたくさんの人々が家や観光地でくつろいでいる最中に発生した。

　自治体の庁舎や関連企業も閉まっているところが多く、災害対策の観点から見ても非常に良くないタイミングで起こった事案と言える。

　ドローンを飛ばそうにも、上空には規制がかかっていて飛ばすことができない。また事業者から機器の提供がなされても、それを操るオペレータの練度が足りない。

　人々が避難した先では、CCTVカメラを活用した避難人数把握なども技術的には可能であったはずだ。

　しかし、こうした**ノウハウを反映した防災計画が具体的な状況を想定していないために、現実での運用がなされなかった。**

　マイナンバーカードがあれば個別の認証や状況確認も進むのだが、突然の避難でカードを持ち出せた人もほとんどいなかった。仕組みとしては存在していても、市役所の職員すら十分に揃わない状況下で、有効に機能するに至らなかったわけである。

　これは実際に私が体験した話なのだが、石川県の職員と災害対策について打合せをした際に、「スペクティから提供される被災情報のサマリーを、A4サイズの紙で出力してもらえないか」と言われたことがある。

第2章／日本の自治体の課題・問題点　　57

内閣府や関係省庁など各方面へ報告を行う必要性から、職員が毎日報告書を作成しなければならず、その手間に時間を取られてしまう現状が現場の悩みとして存在していたのだ。

　そう。**デジタル化の推進、DXの推進を言いながら、末端の現場ではいまだこうした状況が改善されていない。**

　昨年は生成AIの隆盛で、一般の人々の間でもデジタル技術の新潮流に対する期待感が高まった年だった。政府や業界の先導でテクノロジーへの理解・浸透も深まってきている。
　AIなどの技術革新が世に投げかけるインパクトが大きいため、テクノロジーによって社会に何か劇的な変化が巻き起こるのではないか、という思いを持つ人も少なくないだろう。
　しかし、現実にはある特異な技術の登場で世の中がガラッと大きく様変わりすることは、あまり起こらない。
　毎年行われる避難訓練の積み重ねが、災害の発生から人々を守る結果を導き出すのと同様に、社会の変化もまた徐々に、地道に少しずつ前進していくものなのだ。

　その意味では、**防災DXの進展には、まず自治体が抱える問題点と課題を明らかにすることから、始めていくことが重要**と思われる。

そこで本章では、まず「防災DXをはばむ壁」と題して大きく3つの問題点と課題を解説していこう。

Barriers to Disaster Prevention DX
budgetary constraint

防災DXをはばむ壁

予算の壁

1つめは「予算の壁」だ。

　自治体が行う事業はすべて、年度ごとに成立する予算案に基づいて実施されなければならない。災害など緊急事態が発生し、迅速な対応が求められる場合でも、原則的には補正予算を組んで事に当たる姿勢が求められる。

　そこで、当該自治体ではどのような災害の危険性があり、またそれが起こる確率や影響度に関して、まずは推定を行うことになる。

　そのうえで**どんな対策が考えられるのか、何が有効なのかを、他の予算項目とのバランスをとりつつ、重要度・緊急度について評価していく。**

　言葉にしてしまうと簡単だが、実のところこれがなかなか難しい。まだ起こっていない災害を想定して、どんな事態が巻き起こるのか想像力を駆使しなければならないからだ。

　当然、他の地域で起こった災害事例に学び、事業者からのプレゼンテーションやレクチャーを受けることになる。

　ところが、先進技術というものは往々にして専門的であるため、簡単には理解が及ばない場合も少なくない。どのような対策案を採用し、それにいくらの予算を割くのか。検証することができない状態でそれらを十分理解し、比較評価ができる十分な人材が、必ずしもその自治体にいるとは限らないのだ。

第2章／日本の自治体の課題・問題点　　61

小規模のスタートアップやベンチャー企業は、この点で既にハンディキャップを背負っている。防災に限らず、**自治体の情報系システムは概ね5年に一度くらいで更新のタイミングを迎え、予算化を図る場合が多い。**

　担当する事業者は入札によって選定されるため、参加する事業者は仕様書にしたがい、それにかかわる費用を見積もる。基本的に、仕様書はこれまでのシステムをベースに策定されるため、新しい技術を盛り込むことが難しく、また項目が増えれば増えるほど、システムの規模は大きくなりがちである。

　そんななかで、特定の技術に優れたスタートアップが部分的に受注するのは、難しいと言わざるを得ない。

　結局、大手SIerやコンサルなどと自治体の部署が協働で仕様書を作成するのが通例となっており、既得権とは言わないまでも、大手の既存事業者が有利な構造は依然として存在するのだ。

　こうした状況の中で、リソースの限られたスタートアップが期間と労力をかけて行うのは非常に困難である。

　また、スタートアップはこれまでにない画期的な技術やアイデアを持っているところが多い。仕様書のうえでは従来と同じことができる場合でも、仕様書では表現されな

い、質や簡便さ、技術的な先進性や将来的な拡張性などは大きく違うケースがある。

たとえば、"避難所の人数をカウントして災害対策本部に情報共有できる"という機能が仕様書に書かれていたとする。既存A社はこれまで通りアナログ的にカウントしてFAXで情報を提供するシステムを提案し、スタートアップB社はデジタル技術を活用して自動カウントし、クラウドを介して情報共有されるシステムを提案したとする。A社とB社では技術的な仕組みは大きく違い、デジタル社会における将来的な拡張性を考えると、B社のほうが非常に発展性に富んでいる。

しかし、仕様書にはその技術的な背景の部分までは書かれないため、結局、入札は技術評価よりも価格と実績で決まってしまう。このような入札制度のあり方は自治体のDXを阻む大きな問題点と言ってもよい。

仕様書は、ある意味、料理におけるレシピのようなものである。

レシピは同じでも出てくる料理が同じであるとは限らない。作り手によって、その味や出来栄えはピンキリである。

自治体DXを進めるには、その目利きができる人材とその技術を採用できる制度が求められる。

予算配分の面でも、同様のことが言える。

たとえば東日本大震災のように大きな津波被害が起こる

と、国からの復興予算をベースとした従来型の土木事業、たとえばスーパー堤防の建設などに予算が組まれやすい。

　DXを担うのはデジタル技術であり、基本的にはハードウェアよりもソフトウェアの領域である。防災領域ではこのソフト面での予算配分が弱い。災害対策となると、先のスーパー堤防のように、どうしても土木工事や建設工事に優先的に予算が割り当てられてしまう。担当者が意欲的にAIなどを活用した先進的な防災を進めようとしても、それを導入するための十分な予算がないのが現状である。

　限られた予算を新規に獲得するには、役所の担当者にとっても、また参入業者にとっても、高い壁を乗り越えなくてはならないのだ。

第 2 章／日本の自治体の課題・問題点　　65

Barriers to Disaster Prevention DX
Constraints due to transfers of municipal employees

防災DXをはばむ壁

庁内の壁

2つめは「庁内の壁」だ。

官公庁、特に地方自治体では職員の異動が多い。

様々な部署で経験を積むことを通じて、より住民福祉に資する人材を養成しようという狙いがあるのだろう。特定の事業者との距離が近くなりすぎないようにとの配慮も、もしかするとあるのかもしれない。

ただ、これは私たちのように自治体をクライアントに持つ立場からすると、少しばかり厄介である。

防災とAI、あるいはDXという異質の領域をまたぐ案件では、自治体側の担当者の理解度が、その取り組みに大きく影響してくる。ともに案件を進めて、担当者がこの業務にようやく慣れてきたと思う頃、異動や交代でいなくなってしまうのである。

業務を引き継いだ新しい担当者とは、また一から関係性を構築しなければならない。役所内部に知識やノウハウが継承されにくいのは、こうした風土も一因なのではないかと思う。

また前項でも少し述べているが、**防災計画としては道路をめぐる事業や建造物の建て替え、耐震工事といった物理的対策面にまず予算が付きやすい。**これらは防災対策としてのイメージが明確だからだ。

一方、AIなどを用いて防災に役立てると言っても、そこで扱われるのは「情報」という無形のものである。その

ために「どのようなシーンでそれらがどう役立つのか」を
具体的に連想するのが難しい。

　「あまねく、広く、公平に」を重視する行政サービスで
あるがゆえに、採用されにくい技術もある。
　従来の消費電力計測器に代わるものとして、**「スマート
メーター」**と呼ばれる機器が登場している。これは電力消
費量を30分単位でデジタル計測し、そこに通信機能を付
与したものだ。消費量の数値を「見える化」するとともに、
検針員の派遣コストを軽減する次世代型メーターとして、
普及が進められている。

　防災の視点から見れば、スマートメーターの通信機能を
活用することで、家屋単位での避難状況の把握が効率化さ
れるのでは、というアイデアが生まれてくる。避難区域内
で、まだメーターが稼働している家に対し、直接避難を呼
びかけるアクションもとれる。

　ところが、行政の担当レベルでこの話をすると**必ずと
言っていいほど「公平性」の壁に突き当たる**のだ。
　つまり、「スマートメーターを設置しているお宅はいい
けど、つけていないお宅との間で、不公平な情報格差が生
じる」というわけである。

　パーソナルなデジタル機器も同様で、たとえばスマート

フォンのアプリを使って災害情報をプッシュ通知しようと
なると、「アプリやスマートフォンに慣れていない人はど
うするのか」を考えなくてはならない。使える人も使えな
い人も、できる限り平等にサポートしなければならず、
**「誰一人取り残さない」という思想が、日本の行政には強
く存在している**のである。

　欧米諸国の場合、このあたりの考え方に違いがある、と
私は感じている。欧米的な発想の中核をなすのは、「被害
を最小限に食い止める」ことだ。そのために彼らは、でき
ることはすべてやっておこう、という立場に立脚する。ス
マートメーターが避難行動の効率化に資するのなら、迷わ
ず防災計画に取り込むだろう。

　「トロッコ問題」という思考実験をご存じだろうか。
　レールの上を猛スピードで、トロッコが暴走してくる。
その先には5人の作業員がいて、このまま放っておくと5
人とも衝突して生命を落としてしまう。
　だがあなたは、レールを途中で別方向に分岐させるス
イッチを見つけてしまった。分岐したレールの先にいるの
は、1人の作業員だ。
　さて、あなたは成り行きに関与せずこのまま5人を見殺
しにするのか。
　それとも、今なら安全なはずの1人を犠牲にして、5人
の生命を救う行動に出るのか。そういう難題である。

第2章／日本の自治体の課題・問題点　　69

トロッコ問題はあくまで思考実験だ。倫理観や生命をめ
ぐる哲学的な思索の領域であり、現実世界で対応するとし
たら、当然状況が異なってくる。

　おそらく日本では誰も犠牲にすることなく、5人と1人
の作業員全員を救う道がないものか、ぎりぎりまで模索す
るだろう。
　そして再び同じ状況が起こらないよう、十分に安全対策
がなされたトロッコのシステムを設計し、導入することに
なる。おそらく、そのシステムを開発するには膨大な費用
がかかる。

　対して欧米では、被害の発生が避けられないのであれ
ば、最小限に抑えるために5人の救助を優先するのではな
いだろうか。あるいは、5人と1人の重要度や優先順位に
着目して、最終的な判断を下すかもしれない。

　緊急時に公平性や平等ということにこだわりすぎると、
対応が間に合わない。特にアメリカなどでは、費用対効果
を現実的に、そして合理的に考慮する。
　**リスクゼロを追求すればするほど過剰投資になってしま
う。「誰一人取り残さない」という発想から少し離れて、
あらゆるケースを想定したうえで、現実的な対応を可能に
するために、予測とシミュレーションを充実させる**ことに
心血を注ぐことが大切である。

70

第2章／日本の自治体の課題・問題点　　71

Barriers to Disaster Prevention DX
Barriers by Local Councils

防災DXをはばむ壁

地方議会の壁

3つめは「地方議会の壁」だ。

当初予算案は、行政の長として首長が議会に対し提出する。その内容を審議し、議決によって成立させるのが議会の役割である。

実際の議場では、予算を個別に審議したりはしない。この項目は認めるが、こちらの項目はダメだ、などというやり方ではなく、予算案全体として賛成か反対かの立場を決める形になる。ゆえに、審議する前の段階で、予算案に不備がないか、紛糾する火種をはらんでいないか、などが慎重に精査されるのだ。

議会を構成する議員は選挙によって選ばれる。

議員は住民を代表して行政に対するのが仕事であるから、弱者の声や利害の不公平性というものには、宿命的に敏感となる。役所の内部で予算案を作成するときと同じ苦労が、議会に対しても再度立ちはだかることになるのだ。

その際にはまた、特定の業者と不誠実な利害関係が結ばれていないか、といった厳しい目でのチェックがなされる。

民主主義に立脚する自治体運営としては当然のプロセスなのだが、前例の少ない新しい取り組みの意義や仕組みを理解してもらうためには、相応の時間やエネルギーが必要である。

ただ、近隣の自治体や、規模や環境の似通った自治体の

第2章／日本の自治体の課題・問題点　　73

動向については、行政も議会も高い関心を示している。

　ある防災システムを導入した自治体が、先行事例として他の自治体から問い合わせを受けるケースは少なくない。

　災害被害を契機に、防災意識が高まるということもあるだろう。能登半島地震では液状化の被害がクローズアップされたが、東日本大震災で液状化に見舞われた経験を持つ千葉県浦安市から、当時の市長が新潟県の団体の招きで対策に関する講演を行ったりしている。過去の教訓を明日の防災に活かす、という視点が高まっているいま、防災力を高める方策の大きな要素として、DXを推し進める環境が成熟し始めている。

　スペクティにしても、これまでの実績が評価されて**全国200を超える自治体でシステムの導入を行っている。**

　先進技術の普及と理解が進むにつれ、今後防災面での自治体DXが一層の進展を見せることは、おそらく間違いないと考えている。

第2章／日本の自治体の課題・問題点　　75

The key is the leadership

重要なのは
首長の
リーダーシップ

地方自治体において、選挙で選ばれる行政トップとしての首長の権限は大きい。

　防災情報システムをめぐって担当者レベルで話を進めていても、首長を前にしたプレゼンで覆されることはよくある。そこで諦めず、何年も繰り返して理解を求め、ようやく導入にこぎつけるケースもまた少なくない。

　地震や台風、近年では線状降水帯に起因する豪雨や洪水といった、自然災害に見舞われやすい日本の自治体は、必然的に防災に強い関心を示している。

　しかしこれまではその意識の大部分が、耐震設備の強化や堤防の増設といった、ハード面に向かっていた。犠牲者を出さないように、リスクをゼロにする方向で取り組む姿勢が、ハードの比重を高めてきたのだ。

　それでもなお、「想定外」の事態は巻き起こる。

　東日本大震災で沿岸部を襲った津波の高さと水量は、想定をはるかに超えるものだった。能登半島地震の際は大規模な火災が発生し、広い範囲で家屋や店舗が焼失している。

　線状降水帯の多発に見られるような、温暖化に起因する気候変動による異常気象の激化は、今後も想定外の事態を引き起こす危険性が高い。ハードの充実は確かに必要だが、**ソフト面の強化を図って予測や避難の確度を上げ、被害を小さくすることを、自治体はもっと考えていくべきだ。**

そこで鍵となるのが、**首長のリーダーシップ**である。

自然災害の激甚化が危惧される現在、予測と分析、適切な対策の立案と支援をバックアップするのは、防災DX体制だ。首長が防災における情報技術的な側面を認識し、緊急時の被害拡大を防ぐソフト面の整備にも理解を示すことが大切だ。

地方自治体の運営は、ともに選挙で選ばれる首長と、議会の議員で構成される二元代表制に基づいて行われる。理念を携えた首長がリーダーシップを発揮し、議会はその方向性や政策が適正かどうかを精査する。

こうした民主主義の基本原則のなかで、**どうすればより多くの人々の命を救うことができるのか、論理的に思考し責任を果たしていくのが、首長に課せられた使命**である。

自治体の担当者と打合せを進める過程で、「ぜひ市長に直接説明をしてほしい」と依頼されることがある。

防災というテーマは自治体運営の要のひとつであるため、首長の関心も高い領域だ。ここで前向きに話ができるトップと、そうでないトップとでは、体制づくりに差が生じてくる。

本書で設定した2040年という節目を迎えたとき、自治体によって防災DXのありようは大きく異なってくるのではないだろうか。

第 2 章／日本の自治体の課題・問題点　　79

Questionnaire Survey Reveals Municipal Challenges

アンケート調査に見る自治体の課題

スペクティでは関東大震災から100年目の節目を迎えた2023年、全国自治体の防災担当者1012名を対象として、「自治体の災害対応とデジタル化」の取り組みに関するアンケート調査を実施した。

　2020年にも同様の調査を行っており、結果の比較から3年間でどのような変化が生じているのかを、把握することができた。

　大規模災害を想定して、「デジタルを活用した対策は必要か」という問いに対しては「必要」と答えた担当者が49.2%、「どちらかといえば必要」と回答した割合は40.1%で、合わせると89.3%が必要性を認めていることがわかる。

　また、その成果・効果について期待する項目を複数回答で尋ねた設問では、「迅速な情報収集」が最も多く53.2%となり、次いで「災害リスクの予測」「情報伝達手段の構築・最適化」「被災状況の迅速な把握」「行方不明者や救助対象者の迅速な特定」の順となった。混乱する現場において、まずは何をおいても情報の収集に重きが置かれる様子を、ここから明確に見て取ることができる。

　一方、災害発生時の初動対応態勢に関する質問に対しては、対策が「あまりできていない」「まったくできていない」というマイナス評価を合わせた割合が、2023年調査

第2章／日本の自治体の課題・問題点　　81

で28.7％、2020年では38.6％となった。3年の間におよそ10ポイントの向上が見られたことになる。

　それでも、約3割の担当者が初動対策においてまだ不十分だ、と考えている状況が浮き彫りとなった。ここは今後も引き続き課題となっていく部分であろう。

　今後、日本の労働市場では少子高齢化に起因する就労人口の減少が危ぶまれている。地方公務員が働く現場もその例外ではなく、2045年時点の充足率は78％という予測も出されている。

　この兆候は平成初期から続いていて、警察や消防など防災と救命の前線で求められる人員が微増している反面、自治体側の行政担当者は2割以上の減少傾向にある。

　人的資源が減少していく中で、自治体はデジタルの利用を通じた省力化を進め、自動化できる部分は機械を活用し、また外部のリソースにゆだねるなどして、人の知見が必要とされる高度な判断に対応できる人材を育成することが求められていくだろう。

図2−1　平成6年からの部門別職員数の推移
（※平成6年を100とした場合の指数）

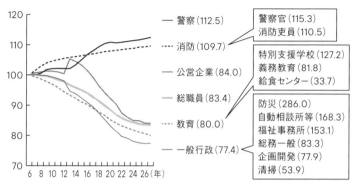

※平成13年度に生じている一般行政部門と公営企業等会計部門の変動は、調査区分の変更によるもの。

図2−2　地方公共団体の総職員数の推移（平成6年〜平成27年）

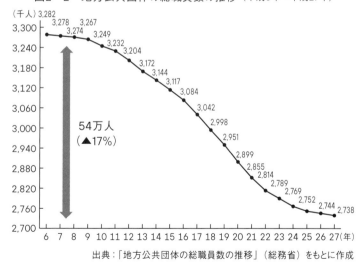

出典：「地方公共団体の総職員数の推移」（総務省）をもとに作成

第2章／日本の自治体の課題・問題点

Examples of Disaster Prevention DX Applications in Municipalities
Case of Fukui Prefecture

自治体における防災DXの活用事例

福井県のケース

自治体が防災 DX を導入することで、具体的に何が変わるのか。この項では、それをイメージしてもらうために既存の導入事例をご覧いただこうと思う。

　紹介するのは、2021年に DX 推進本部を設置し、生活・産業・行政の DX 化を図って「スマート福井」を推進する、福井県庁の事例である。

　福井県は、戦後間もない1948年に当時の震度階級としては最大ランクの震度6、烈震を経験している。台風や豪雪に見舞われることも多く、ロシアのタンカーによる重油流出事故という特異な災害も、過去にはあった自治体だ。

　非常時における情報の重要性についても理解が共有されており、産学官協働の県民衛星「すいせん」を打ち上げ、画像解析に活用するなど、先進的な取り組みもなされている土地柄である。

　自治体主導としては国内初の衛星打ち上げとなった「すいせん」。繊維や眼鏡など、ものづくりに関しては定評のある福井県だが、人工衛星に関するノウハウまでは蓄積されていなかった。そこで東京大学から人工衛星設計の専門家を招くところから始め、今では県独自に製造ができるようになっている。

　もともと農業用に衛星画像を活用する構想があったそうだが、当時は1枚で数百万円のコストがかかる時代だった。

第2章／日本の自治体の課題・問題点　　85

今では2週に一度のペースで、衛星から画像データが送られてくる。

「すいせん」の画像は、災害にあった地域の撮影に使われるだけではない。土砂災害施設の建設に際して、衛星画像の解析により地滑りの変動量を算定、優先度の確定にも力を発揮している。林地開発現場のモニタリングや港湾管理などにも活用が期待されているそうだ。

こうした「ものづくり」へのチャレンジに高い意識を持つ福井県では、防災に関する情報を一元化し、プルとプッシュを組み合わせて県民が迅速に状況を把握できるよう努めている。webサイトでは道路や河川に設置したカメラのデータを、地図表示と連動させており、気象や避難に関する自治体からの情報とともに集約している。

さらに河川の水位や降雨量など12種類の災害情報がまとめて閲覧できるよう設計されており、それらは日本語を含めて13か国語に翻訳される。

このwebサイトは関係機関同士の連携プラットフォームとしても機能しており、市町村や消防署などIDを付与した部署からも入力できるため、それぞれが取得した問題箇所の位置情報や画像の共有も可能だ。

SNSの活用も進んでいる。

避難所に関する状況把握と情報発信は、災害時に自治体

図2-3　防災情報を一元化した総合防災システムの構築
施策の概要

出典：福井防災ネット、福井県、クリエイティブ・コモンズ・ライセンス 表示2.1
（http://creativecommons.org/licenses/by/2.1/jp/）

■ 概要
道路・河川カメラ等のデータを地図上で同時表示できるようにするとともに、気象情報や市町が発令する避難情報・防災情報を一元的に集約・確認できるシステムを構築

■ 期待される効果
- 災害情報収集の簡略化
- 避難情報伝達の迅速化

■ 内容
GISシステムの活用
- 河川水位や降雨量、避難所情報など12種類の災害情報を地図上でまとめて閲覧可
- 日本語を含む13か国語に対応

関係システムとの連携
- 一つの操作で様々な媒体への情報配信が可能

と住民双方にとって重要な課題だが、福井県ではSNSで避難所受付を行い、スムーズな運用を実現した。これにより避難誘導と確認に費やす時間とマンパワーを省力化でき、リソースを他にむけることができるようになった。

　県民衛星の打ち上げで培われた産学官の協働体制は、防災システムの構築と運用の面でも機能している。

　福井県は冬になると激しい積雪が原因で、北陸道や国道8号線などに大渋滞が発生する。過去には大雨で生じた土砂災害が道路や河川をふさいだこともあり、道路状況の把握には常に大きな関心が寄せられている。

　これに対し、県では金沢大学と連携してクラウド型の道路施設データベースを導入、県内2000キロにおよぶ道路の損傷度合いを、パトロールカーに搭載したカメラ画像を用いて解析している。

　福井県はスペクティのAIを活用した防災サービス『Spectee Pro』をいち早く導入した自治体で、積雪時の道路の状況監視についても、カメラの映像をAIで自動監視して大雪の際に交通状況をリアルタイムで伝えるシステムや、コネクテッドカーの走行データを使い除雪が及んでいない道路を把握、除雪車による除雪状況が3時間ごとにアップデートされる仕組みの開発をスペクティと協働で行っている。

　災害用ドローンも用意されており、山間部など人が確認に行きづらいエリアは飛行ルートを登録することで、非常

図2−4　SNSを活用した避難所の利便性向上

施策の概要

運用イメージ

時間をかけずに避難所に入れます

- 避難所受付等でQRコード®を読み込み
- QRコード®から入力フォームにアクセスし、氏名、年齢、健康状態、家族等の情報入力
  ※外国語（13か国語）にも対応します

スマホがなくても大丈夫、
受付シートをスキャナで読み込みます

避難生活に役立つ様々な情報を受け取れます

- 避難所の生活情報（食事時間、物資配給等）を入手
  ※車中泊避難者、在宅避難者も受信できます

■ 概要
災害発生時に、SNS等による避難者受付を行うことにより、入所手続きの簡略化、避難者ニーズに応じた情報発信等、避難所の利便性向上を目指す

■ 期待される効果
- 避難者情報の正確かつ迅速な把握
- 避難者向け情報発信の充実

■ 内容
避難所入所手続きの簡略化
- QRコード®、スキャナを活用し、避難者情報の入力・集約作業を自動化

避難者ニーズに応じた情報発信
- SNSで避難所ごとに物資配給等の生活情報発信

図2-5　除雪状況の「見える化」の推進

施策の概要

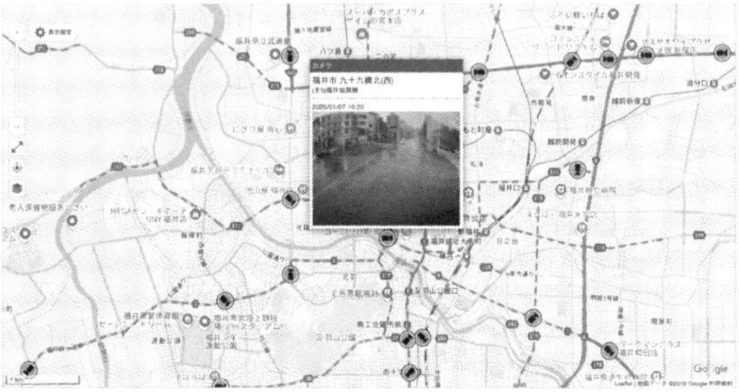

出典：みち情報ネットふくい、福井県、クリエイティブ・コモンズ・ライセンス 表示2.1
（http://creativecommons.org/licenses/by/2.1/jp/）

■ 概要
県のホームページ「みち情報ネットふくい」で除雪状況や最重点除雪路線、消雪路線
等を公表し、除雪状況の「見える化」を推進する

■ 期待される効果
● 県民への除雪に関する詳細な状況提供
● 県・市町の除雪情報の連携

■ 内容
(1) 「みち情報ネットふくい」での情報提供（R3～）
● 除雪車の走行軌跡
● 最重点除雪路線、消雪路線および渋滞情報
● 走行車両のビッグデータを活用した路面凸凹情報の提供
(2) 市町の除雪車へのGPS端末導入の支援（R3～5）
　 県、市町の除雪状況を一体的に把握
(3) 「みち情報ネットふくい」のスマホUI対応（R4）

時に自動航行できるシステムを構築中である。

　運転中でスマートフォンやwebが閲覧できないドライバーに向けたサービスもある。県の道路保全課では「みち情報ネットふくい」という道路情報提供に特化したサイトを用意しており、カメラ画像や通行規制状況、冠水の危険性がある地域などの情報を共有できるようになっている。
　このシステムがAIと24時間連携しており、道路の状況を音声で自動応答してくれるのだ。

　本項で紹介した福井県の防災ネットは、「eマガふくい」という福井県のメールマガジンおよびX（旧Twitter）、Facebookとも連動している。必要な情報に県民が多チャンネルでアクセスできる体制が整っている。地震や津波に関しては気象庁のサイトにリンクが飛ぶため、県内のみならず日本各地の状況がわかるよう配慮されている点もありがたい。
　関心のある方は、ぜひ一度アクセスしてみてはいかがだろう。

第2章／日本の自治体の課題・問題点　　91

図2-6　福井県防災ネット

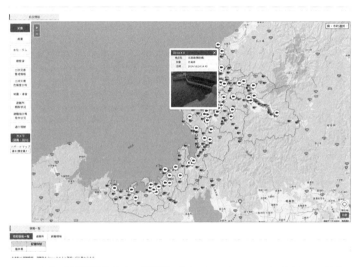

出典：福井県防災ネット、福井県、クリエイティブ・コモンズ・ライセンス 表示2.1
（http://creativecommons.org/licenses/by/2.1/jp/）

第 2 章／日本の自治体の課題・問題点　　93

Take advantage of Japan's knowledge
as a disaster-prone country

災害大国・日本の知見を活かせ

情報技術の進展は、私たちの暮らす社会環境を大きく変化させてきた。

　スマートフォンの世帯保有率ひとつとっても、2010年の時点で9.7％であったのが、2021年には88.6％と急激に上昇している。

　SNSの利用状況については、調査回答者の68.5％が利用した経験を持っており、このうち積極的に活用していると答えた人の割合は43.5％を占めている（数値出典：総務省「令和4年 情報通信に関する現状報告の概要」より）。

　さらに、電通の調査によれば2021年にはインターネット広告費が、ついにマス4媒体（テレビ、ラジオ、新聞、雑誌）の合計広告費を上回った。

　人々は既に、情報の取得経路を従来のメディアから、手元の小さな端末にシフトしているのだ。

　ポケベルやガラケー（ガラパゴス諸島に生息する生物相のごとく、日本独自に機能が発達した携帯電話）などの時代を経て、インターネットを介在させた電子的な情報流通のあり方は、現在も進化を続けている。

　次に到来するのは、**デジタルとフィジカルの融合によって、経済発展と社会的課題の解決の両立を目指すSociety5.0の社会**である。

　Society5.0は、内閣府が2016年の「第5期科学技術基本計画」で提示した、来たるべき社会の概念像だ。人類の社

会が発展してきたこれまでの様相を段階的に示し、目前に
迫っている5番目の段階をSociety5.0として位置付けてい
る。

- Society1.0……狩猟社会
- Society2.0……農耕社会
- Society3.0……工業社会
- Society4.0……情報社会
- Society5.0……「サイバー空間とフィジカル空間を高度に
　　　　　　　融合させたシステムにより、経済発展と
　　　　　　　社会的課題の解決を両立する人間中心の
　　　　　　　社会」

　デジタルとフィジカルという二つのレイヤーを社会実装
することにより、産業や経済にインパクトを与えて、新た
な道を拓こうとする思想はいまや世界的な潮流となってい
る。
　アメリカでは2013年から、同様の「SmartAmerica
Challenge」と名付けたプロジェクトを、ホワイトハウス
直下でスタートさせた。ドイツにおいては、「Industry4.0
（第4次産業革命）」の名で官民連携を志向し、製造業の
IoT化、バリューチェーン化を推進中だ。
　習近平指導部が2015年に掲げた「中国製造2025」は、
次世代情報技術や新エネルギー自動車を中核とする10の
重点分野と、23の品目を設定している。2025年までに製

96

図2-7 新たな社会 Society 5.0

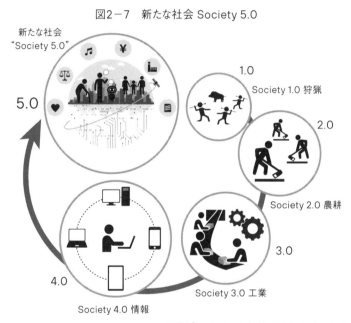

出典:「Society 5.0」(内閣府)をもとに作成

第2章／日本の自治体の課題・問題点　97

造業の高度化を目指し、建国100年に当たる2049年には世界の製造強国のトップグループ入りを果たす、ロードマップとなるものだ。

こうした世界的な趨勢の中でも、日本が提唱するSociety5.0はひときわ広く、ダイナミックな世界像を描く概念である。そして2023年に広く認知が進んだAIは、情報社会の次に来るSociety5.0の、中核を成すエンジンとなりうる可能性を持っている。

念のため言っておくと、Society5.0は人間中心の価値観に基づくものであって、何から何までAI任せにするということではない。

たとえば災害が発生した際にどういう行動をとるか、ということについては、最終的な判断はやはり人間が下さなければならないのだ。AIを中心としたデジタル環境は、そのための支援ツールとなるべきものだ。

こんな状況を想像してみよう。

沿岸部を大地震が襲い、高い確率で津波の発生が予測される。地形などの周辺情報をもとにAIが避難経路を算出し、それに従って住民が避難したとする。

このとき、もし安全と判断された場所が被災した場合、責任の所在はどうなるだろう。

AIが間違った指示を出したからといって責任を負わせ

るのは間違っているし、そもそも機械が責任をとることは不可能だ。**予測精度やAIの性能が上がったとしても、正解率100％とはいかない以上、どこかで人間が決断を下さなくてはならない。**

その正解率を高めていくために必要なのが、AIによる情報サポートと、人間社会に蓄積された歴史や経験だと、私は考えている。

埼玉県の朝霞市根岸台に、不思議な五差路がある。

道路の中央、交通の観点からみても非常に邪魔になる位置に、一宇の観音堂が建立されているのだ。中には石造の聖観音と馬頭観音が祀られているのだが、なぜこのように不便な位置にわざわざ安置しているのか、また誰がいつ何のために置いたのか、長い間謎とされていた。

馬頭観音の石仏には、「文化十三年」の銘が刻まれている。西暦では1816年、江戸後期に相当する。

実はこの謎について、ごく最近になってわかってきたことがある。

この石仏は、江戸時代に近くを流れる荒川が決壊した際に、ここまで水が来たことを示すものだったのではないかというのだ。ここより上に逃げれば安全との目印として機能する、"江戸時代のハザードマップ" というわけである。（※諸説あり）

この種の話は、日本の各地に存在する。

自然災害を伝承する地蔵や石碑のみならず、雲の形や風の匂いなどで危険を察知する民間の口伝もある。その裏側に、科学的根拠は不明ながら災害の経験値を共有しようと試みる、先達の知恵が垣間見えるのだ。

　AIが得意とするデジタル的な情報処理と、経験の中で人間が培うアナログ的な定性情報。私たちは今こそこの2つを融合させ、総合的に判断する態度が求められているのではないだろうか。

　古来より地震や水害にさらされてきた"自然災害大国"である日本は、こうした見えざる「経験値」「暗黙知」を豊富に持つ国である。内閣府がSociety5.0のwebサイトで掲げている、「自然科学のみならず、人文・社会科学も含めた『総合知』を活用できる仕組み」とは、これらを十二分に活用して、持続可能性と強靭性を備えた社会体制に他ならない。

　国土交通省・国土地理院では、web上で「自然災害伝承碑」の全国マップを公開している。先に述べた朝霞の観音堂のように、過去に起きた自然災害の教訓を残す伝承碑の位置を、地図上で一覧、参照できるデータベースだ。
　建立された伝承碑は、洪水や土砂災害、地震、津波など災害の種類別に検索が可能となっている。ポイントをクリックすると、碑の画像と合わせてそれが建立された日

図2-8　国土地理院・「自然災害伝承碑」

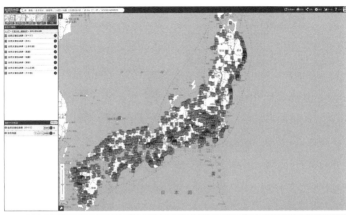

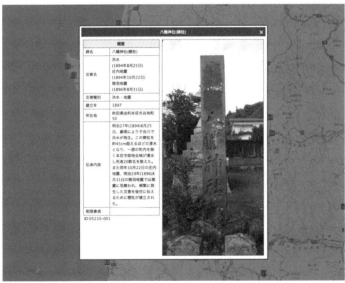

※地図上にプロットされた碑をクリックすると、画像とともに詳細説明が表示される

出典:「自然災害伝承碑」(国土地理院)より

付、内容、災害の起こった年月などが、画面表示される仕組みになっている。

　こうした災害情報のアーカイブは、防災の視点からは「過去の可視化」に相当する。

　2011年の東日本大震災は、巨大地震と大津波、原子力発電所の被災が重なった大規模災害だった。この経験と教訓を日本のみならず世界で共有し、役立てていこうという試みが、各地で始まっている。

　たとえば環太平洋大学協会の11大学によるプラットフォーム「ArcDR3」では、建築と都市デザインの観点から災害対策を考えるプロジェクトが進んでいる。長期的な史観のなかで、災害が起こることを前提として都市を形成するこの取り組みは、「リジェネラティブ・アーバニズム」と呼ばれている。ソフトとハードの両面で、過去の知見を活かして災害に強い社会の確立を目指すものだ。

　これと同種の概念に、「レジリエンス」という言葉があることをご存じだろうか。何か大きな危険や被害にさらされたときに、その回復力や強靭性、柔軟性といった、危機への対応力や復興力の諸要素を指し示すキーワードだ。

　日本政府は国家のレジリエンス強化を一大目標に掲げ、防災・減災に努めようとしている。Society5.0のポテンシャリティを最大化し、「発災前の逃げ遅れゼロ」「発災時の避難者死者ゼロ」「発災後の早期経済復旧」を目指そうとい

うものだ。

　官民一体で災害に対する知見を集約し、DXによる情報の見える化を推し進めて、国家レジリエンスを強化する。

　次の章では、その具体的な事例を紹介していこう。

第 **3** 章

企業における
防災DX戦略

Disaster Prevention DX Strategy for Companies

Climate tech,
a tide of decarbonization

気候テック、
脱炭素の潮流

近年自然災害が多発し、あるいは激甚化する要因のひと
つとして、**地球規模の気候変動**が指摘されている。特に欧
米では、この領域を喫緊の課題として認識する声が強い。

　2015年に開かれた国連サミットでは、2030年までに達
成すべき目標としてSDGsが設定されたが、その13番目に
は「気候変動に対する具体的な対策」が掲げられた。
　温室効果ガス排出量の増加は、海水温度や海面の上昇を
もたらし、気象や農作物などに少なからぬ影響を与える。
そして結果的に、地球上に暮らすあらゆる生物の生存環境
を圧迫する。

　温室効果を助長するガスはいくつもあるが、人間が関与
するなかで最も影響が大きいものがCO_2、二酸化炭素であ
る。
　石炭・石油の消費や工業生産によって大気中に放出され
た炭酸ガスが、地表面からの放射熱を吸収し、気温や水温
を上げていく。炭酸ガスを吸収してくれるはずの森林の面
積は年々減少しており、地表の二酸化炭素濃度はますます
高まっていく。この他フロンやメタンなどといった物質
が、地表温度の上昇に関与する。温室効果とは、ごく簡単
に言えばそういう構造である。

　欧米諸国では早くから、この温室効果に注目してきた。
　地球の未来に大きな影響を及ぼす気候変動をリアルに感

第3章／企業における防災DX戦略　　107

じ取り、その進展を食い止めようという動きが顕著となっている。

　その一例が、マイクロソフトの創業者 ビル・ゲイツが2016年に創設したブレイクスルー・エナジーベンチャーズ（BEV）だ。 BEVは、世界の脱炭素化を推進する有望なスタートアップに対し、積極的な出資を行うベンチャーキャピタルである。2015年のパリ協定を受けて立ち上げられたこのファンドには、アマゾンの創業者 ジェフ・ベゾスやソフトバンクグループの創業者 孫正義といった、名だたる企業家が出資者に名を連ねている。

　年間510億トンにのぼる世界の温室効果ガス排出量を、2050年の時点でゼロにしようというのだから、BEVの目標水準は、かなり高い。設定した数値を達成しなければ、頻発する気候変動由来の自然災害を防ぐことができない、としているのだ。

　それを実現するため、BEVは電力、製造、農業、輸送、建物といった複数の分野におけるイノベーションを追求している。

　実は2006年から2011年頃にも、地球規模の環境問題解決に資するテクノロジーに投資しようとするグローバルな動きがあった。

　当時、"クリーンテック"と呼ばれたこの領域のスタートアップは、全体で数百億ドル規模の資金を集めたが、期

待されたほどの成果を上げるには至らなかった。実用化までにまだ時間が必要であったり、新興生産国との価格競争に陥ったりしたことなどが主要な原因と言われている。

　現在注目度があがっている気候テックは、十数年前のクリーンテック以上のムーブメントになっている。ビル・ゲイツのような富豪の著名人が、本気でイノベーションに出資する態度を示したことで、投資家たちの意識がそこに向き始めたのだ。
　さらには、技術やインフラのレベルも従来に比して進化している。「**持続可能な社会**」を合言葉に、**本格的に脱炭素化を推進する機が熟した**ことの、証左といってよいだろう。

　本気で取り組む姿勢を示しているのは、民間だけではない。
　米国のバイデン大統領は2022年8月、インフレ抑制法の法案に署名し、同法律を成立させた。法案の名称だけを聞くと経済面に特化した政策のようだが、実はこれは財政赤字を削減してそれを原資とし、エネルギー安全保障と気候対策を拡充することを目的としたものだ。その規模は実に3000億ドルを超える。
　同法に基づく支援総額の約4割、1600億ドルが再生可能エネルギー事業者に対する税控除に充てられる他、太陽光パネルや風力タービン、リチウム再生などの分野にも支援

を行っていく。

　我が国の政府も、2023年2月の閣議で「GX（グリーン・トランスフォーメーション）実現に向けた基本方針」を決定した。

　ロシアによるウクライナ侵攻により、エネルギーの安定供給が課題となったことを契機に、脱炭素化の取り組みと合わせた化石燃料に頼らないエネルギーと経済成長との両立を企図してのことである。

　これに基づいて、官民合わせて今後10年で合計150兆円にのぼる大規模投資の実施が予定されている。対象となるのは34兆円の投資額を見込む自動車業界を筆頭に、鉄鋼、化学、半導体などの基幹産業、そして水素・アンモニア、蓄電池、資源循環産業といった幅広い分野に及んでいる。

　化石エネルギー依存型経済が、再生可能な燃料や原材料への転換を目指すのは、もはや国際社会の既定路線だ。パリ協定やSDGsの採択からもそれは明らかである。

　そうした次世代市場に資金が流入し、意欲的なスタートアップや才能に対する支援が高まれば、気候テックやGX関連の市場も活性化していく。収益を上げ、ビジネスとして成立する状況にならなければ、持続可能な社会の到来は難しい。

　この分野では欧米に比べてやや後塵を拝した感のある日

図3−1　今後10年を見据えたロードマップの全体像

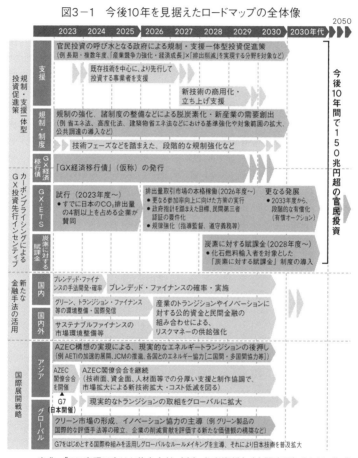

出典：「GX実現に向けた基本方針（案）参考資料」（内閣官房）をもとに作成

本だが、第1章で紹介した水資源の循環濾過システムを開発するベンチャー企業のWOTAなどのように、災害復興の経験やそこで培われた技術を活かして、官民一体のGX推進に大きく期待をかけたいところだ。

第3章／企業における防災DX戦略　　113

University Venture Capital
with High Expectations

期待される
大学系
ベンチャー
キャピタル

日本ではこれまで、企業がベンチャーやスタートアップに出資したり、またはそれらを買収したりする例が、欧米に比べて少なかった。自社による研究開発に主体が置かれる、いわゆる「自前主義」の考えが習慣として根付いており、外部の有力なベンチャーと協業することや買収して技術やノウハウを取り込むことに慣れていないからだ。

また、国内ベンチャーキャピタルも、多くの場合、ファンドの期限が10年前後で、その期間の中で相応の利益を出さないといけない。ファンドの出資者となっている銀行や企業などに約束した利率で返さないといけないからだ。

防災や気候テックなどのスタートアップは研究開発から実際にそれがビジネスになるまで非常に長い時間がかかる。他のビジネス領域と違って、短期間で結果が出て急速に成長するモデルではなかったりする。ベンチャーキャピタルのビジネスモデルにはなかなか合致しない領域だ。

欧米のベンチャーキャピタルも基本的な構造は同じだが、前述したBEVのように大富豪の潤沢な資金を基に設立したものや、投資対象を見極めるノウハウに長けていて投資額も大規模なものなど、ファンドとしてはやはり一日の長がある。

そのようななか、わが国で期待されているのが**産学官連携による、大学発ベンチャーや企業を支援する動き**だ。

筑波大学や名古屋工業大学など23の大学、機構の協働で運営される「産学連携プラットフォーム」では、健康・

医療機器、食品、環境・エネルギー、IoT・ロボット、次世代自動車、ものづくりの6つのカテゴリーにおいて、連携プロジェクトが進められている。

同様に東京大学協創プラットフォーム開発（IPC）は、東京大学が100％出資する事業会社として知られており、2021年10月までに400社以上、総時価総額1.5兆円以上の投資実績を有している。こちらはライフサイエンス・アグリテック・宇宙・ハードウェア・マテリアル・IT・サービス・AIの各部門で社会課題解決型ディープテックへの投資を進めるものだ。

防災テクノロジーの領域で注目すべき存在は、東北大学災害科学国際研究所の越村俊一教授が代表発起人を務めるRTi-castである。2018年に株式会社化した同社は、「生き延びる」「素早く立ち直る」社会の実現を目指して内閣府の「津波浸水被害推計システム」を受託、2019年に第一回日本オープンイノベーション大賞を受賞している。まさに防災レジリエンスを体現する大学系ベンチャーだ。

地震によって津波が発生し、それがどのように伝播し浸水していくかという予測を立てるには、従来のシステムでは数日間を要していた。

目前で起こる津波災害に対処するには、それでは到底間に合わない。**RTi-castは津波被害の算定や可視化に必要な複数のプロセスを統合・自動化**することで、リアルタイ

116

ムでの予測配信という離れ業を現実のものとした。

　それを可能にしたのが、大学に在籍する地震学や津波工学、スーパーコンピュータの先端研究者と、参加企業のエキスパートたちだ。
　彼らの連携によって、発災直後の海底地盤変異の推定や、津波計算の安定化・高速化が果たされた。対象となる地域も年々更新され、今では津波被害の心配がある全国の沿岸を網羅しているという。

　手続きに時間やコストのかかるスーパーコンピュータを使わず、大学に設置されているレベルのコンピュータを用いて数分でシミュレートできるのならば、防災レジリエンスの効率ははるかに向上する。
　現状では、システムの稼働によって国や自治体、民間事業者の災害対策に一定の効果を上げているが、その一方でリアルタイムでもたらされるデータ量を、人間の側が処理しきれていないという課題もある。

　これについて、同社は現在デジタルツインを活用した最適化への研究開発に臨んでいる。物理世界のデータをデジタルツインに入力し、ハザードや社会影響への予測、人や交通の動きと津波予測をシミュレートするなどして、災害からの素早い回復（レジリエンス・カーブ）までの解を求めようというのだ。2023年の時点で、津波災害デジタル

ツインの社会的受容性、ニーズ、実現可能性、効果、市場性を踏まえた社会実装を目標に据えている。

図3−2　津波災害デジタルツイン

出典：「津波災害デジタルツインの構成」（株式会社RTi-cast）をもとに作成

第3章／企業における防災DX戦略　　119

Protect the entire supply chain with DX

サプライチェーン全体をDXで守る

ベンチャーや先端技術による研究開発、社会実装を「攻めの防災テクノロジー」とするならば、**企業側の災害被害を最小限にする技術や対策は「守りの防災テクノロジー」である。**

　能登半島地震では多くの民間企業が被災したが、その被害の影響は当該企業のみにとどまらない。

　石川県穴水町にある村田製作所の電子部品工場では建屋や設備が破損し、4カ月間以上の稼働停止となった。実はスペクティのサービスを利用する自動車メーカーが、この穴水の工場で作られている電子部品を自動車の製造のために購入している。このニュースが報道されて以後、スペクティに寄せられる問い合わせの件数が増えている。村田製作所のような部品製造業者から製品を購入している企業や、逆に製品を納入している企業は多い。

　こうした取引先（サプライヤー）が何らかの災厄に見舞われた際、なかなか情報がつかめず対応に苦慮する、という話は実によく耳にする。今回の村田製作所くらいの規模であればまだしも、町工場程度の中小事業者が被災すると、状況はほとんどわからなくなる。唐突に、明日納品されません、との連絡を受けて初めて慌てるような事態が、実際に起きているのだ。

　自動車や機械メーカーだけでなく、食品、化学、製薬な

第3章／企業における防災DX戦略　　121

ど、ものづくり企業はあまねく同じことが言える。また、そういった商品を販売する全国の量販店やスーパーマーケットなどでも、商品が届かなくなるといったリスクを常に抱えているのだ。

本来的なことを言えば、製造から販売までサプライチェーン全体で在庫や流通の状況を共有し、可視化できるようにしていくことが、影響を最小化するためには望ましい。

しかし平時から共通のプラットフォームを準備して、自社の情報を開示するということを企業はあまりやりたがらない。特に、供給ラインに影響の出るリスク情報となればなおさらである。重要な部分はブラックボックスになっていて、危機に瀕してやっと情報が出されたときは、すでに手遅れとなってしまうのだ。

保険・リスクマネジメント分野のリーディングカンパニーであるAonは、そのレポートのなかで、日本企業が直面しているビジネスリスクのトップとして「サプライチェーンや流通の途絶」を挙げている。

たとえば、イエメンのフーシ派による貨物船攻撃などの事象は、近年になって発生した新たなリスク要因である。この影響で船舶は長大な迂回ルートを採らざるを得なくなり、海外と取引する企業に時間的・経済的コストの増大が重くのしかかっている。

図3−3　Spectee SCRの画面

出典：サプライチェーンにおけるリスクの発生をリアルタイムに検出する「Spectee SCR（Supply Chain Resilience）」（スペクティ社）

こうした企業活動の停滞を未然に防ごうという概念がある。一般に「BCM（Business Continuity Management：事業継続マネジメント）」と呼ばれるものだ。自然災害に限らず、火災や事故、戦争、テロ、サイバー攻撃によるリスクなどの事象が生じても、重要な企業活動をストップさせないよう、計画をあらかじめ用意して、事業を止めないように管理運営していこうというものである。

　前述したように、現代の社会は製造や流通の過程が複雑に絡み合っていて、ある一部分の停滞がどこでどのくらいの影響を与えるか、正確に把握するのが難しくなっている。

　2024年には、ブラジルで干ばつや洪水などの自然災害が相次いで起こった。日本が輸入している鶏肉のおよそ70％は、ブラジルからの輸入である。養鶏用の飼料やコーヒー豆もブラジル産に多くを頼っているため、この災害で食品の流通や価格に影響が出る可能性がある。

　気候変動の影響はこれまでのようなアナログ的なリスク評価では、対応が難しくなってきている。AIなどを活用してその影響を評価したり、被災した場合の予測をシミュレーションするなど、新しい技術を取り込んだ対応が、今後ますます必要になってくるだろう。

　リスクの分散という視点から、この課題に取り組んでいる企業もある。

神奈川県と新潟県のメッキ工業組合は、どちらかに属する企業が災害で稼働できなくなった場合、もう一方が代替生産を行う契約を結んでいる。

　地震や台風のような広域災害においては、遠方の同業者と組むほうがメリットが大きい。代替生産が可能というのは、生産ラインや設備が近似しているということであって、平時にはむしろ競合相手である。そこを超えて相互にリスクヘッジするには、同じ地域よりも離れた場所のほうがより都合がよい、という計算もあるだろう。いずれにしろ、生産拠点の1カ所集中を避けることが重要と考えられる。

　「強靭なサプライチェーン」を構築するには、様々な角度からサプライチェーン全体を見える化して、その脆弱性リスクをまず明確にする必要がある。

　たとえば工場のある地域で想定される自然災害を前提に、生産活動ができなくなるリスク、原材料が手に入らなくなるリスク、製品の流通あるいは販売ができなくなるリスクを数値等でできる限り定量的に把握し、重要度と発生可能性で評価する、などの対策だ。

　そして、**災害時に柔軟かつ強靭な対応が行えるよう、サプライチェーンの「多元化」「可視化」「一体化」を図る**ことが大切だ。

第3章／企業における防災DX戦略　　125

このことは、コロナ禍の経験を踏まえて2021年2月に出された経団連の提言「非常事態に対してレジリエントな経済社会の構築に向けて」の中でも明記されている。

提言では、感染症をはじめとするあらゆるリスクに対応可能な態勢づくりを指して「オールハザード型BCP」という名称で必要性を喚起した。

大企業などでは東日本大震災やコロナ禍以後、危機意識を高めてサプライチェーン全体の連携とDX化を進めているところも増えてきている。今後は、手を付けたくてもこれまでできなかった企業や、人材不足などの理由で対応の手がまわらないでいる中小企業も他人事ではいられなくなるだろう。

スペクティが提供する『Spectee SCR（Supply Chain Resilience)』（図3−3 P125）には、サプライチェーンに迫る危機情報をリアルタイムで収集し、その企業で生産されるどの製品にどの程度の影響が出るのかを瞬時に分析し、状況の変化に応じたアラートを発する機能を搭載している。

SNSや気象データ、プローブデータ、地政学的リスクの変化などあらゆる情報をもとにユーザーのサプライチェーンをモニターするので、自社の生産拠点や取引先（サプライヤー）の拠点、さらには途中の物流拠点などで、何か事が起こった際にメールなどでアラートを受け取ることがで

き、画面には影響度合いが表示される。重要なサプライヤーに対しては、状況を確認するアンケートを自動で送信して、供給体制に影響がないかなどを確認することも可能だ。

　元日に起こった能登半島地震では、『Spectee SCR』を利用する複数の企業でこの機能は有効に働いた。ある医薬品・ヘルスケア製品の製造会社は、通常1週間以上はかかる事業への影響把握を、元日の休暇中の発生にもかかわらずわずか2日で完了し、役員へ最終報告を上げている。

　自然災害や事故などのリスク事象はいつ起きるかわかりません。テレビやラジオによる報道だけで状況を把握するのは難しく、抜け漏れも多い。かといって不必要な情報も含めてあらゆる情報を常にモニタリングするのは不可能である。自社にとって影響度の大きい情報だけを的確にスクリーニングしてリアルタイムに把握できたなら、サプライチェーン全体に及ぼされる被害を最小化することができるはずだ。

　『Spectee SCR』では、国内だけでなく、海外を対象とした条件も設定できるため、テロや政情不安、地域的な気象リスクなどのアラートをカスタマイズすることも可能である。

　非常事態の結果として生じる「リソースの喪失」は、起こりうるものとしてとらえなければならない。失われたリソースのいち早い復旧と継続を可能にするには、様々な

データを基盤とした適切な状況分析と業務そのもののデジタル化が有効となる。物資の供給や在庫状況、生産拠点の影響や途中の物流拠点の状況把握、これらを正確に、リアルタイムに行うために、デジタル技術を活用したサプライチェーン全体の可視化と、状況変化に即応できる体制を整えておくことが、現代の企業には求められる。

図3-4 サプライチェーンの強靭化

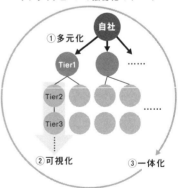

①多元化
あるサプライチェーンが機能不全になっても事業継続が可能にするために代替チェーン（代替サプライヤー等）を用意しておく。

②可視化
製造部品などが、何をどこから供給されているのか、在庫をいかに確保すべきかなど、複雑なサプライチェーンを見える化し、非常時に迅速な判断を可能にする。

③一体化
サプライチェーン全体を貫くBCPを策定し、事業活動のレジリエンスを強化する。

出典：「非常事態に対してレジリエンスな経済社会の構築に向けて-新型コロナウイルス感染症の経験を踏まえて-」（一般社団法人日本経済団体連合会）をもとに作成

図3−5 新型コロナウイルスの感染拡大を受けた
サプライチェーン寸断の1例

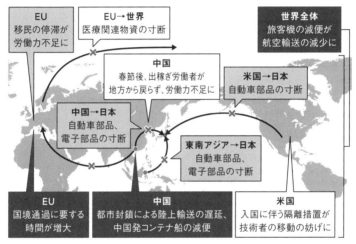

備考：グレーの吹き出しは生産、黒色の吹き出しは物流、白色の吹き出しは人の移動に関する寸断の例。

出典：GlobalTradeAlert、独立行政法人日本貿易振興機構「地域・分析レポート」、内閣府「景気ウォッチャー調査」、Sixfold、Baldwin and Freeman "Supply chain contagion waves: Thinking ahead on manufacturing 'contagion and reinfection' from the COVID concussion". より作成

Example of Disaster Prevention DX System
in Aeon

巨大流通グループ
イオンにおける
防災DX体制の
事例

サプライチェーンの寸断リスクは、製造業だけでなく流通や小売などすべての企業が等しく抱える課題である。現在スペクティがサービスを提供するクライアント企業も、多様な業種・業態にわたっている。

　その中でも特筆すべき大きなサプライチェーンを形成しているのが、流通大手のイオングループである。2024年2月の時点でグループ会社の総数は約300、世界14カ国に1万7000を超える店舗網を有している、途方もない規模の巨大流通事業者だ。

　それだけに、サプライチェーンを脅かす事象が発生するリスクは決して小さくない。グローバルな気象変動や地政的な変化が、ビジネスのあり様に直結するのである。

　「イオン：AEON」とは、ラテン語で「永遠」を意味する言葉だ。「お客さまへの貢献を永遠の使命とし、その使命を果たす中でグループ自身が永遠に発展と繁栄を続けていく」ことを目的とする企業集団であると表明しているのだ。

　そこで、災害発生時においてもイオンは「暮らしを支え、地域を支えるライフライン・社会インフラ」となることを防災上の役割として掲げた。2011年の東日本大震災以降、BCP（事業継続計画）に基づき、被災地域を含む全国各地で防災対策を実施してきている。

第3章／企業における防災DX戦略　　131

こうした取り組みが評価され、小売業としては初めての
「指定公共機関」（災害対策基本法に基づく内閣総理大臣指
定の機関）となった。小売や金融、サービスなど生活者と
の多様な接点を持つイオンに対して、災害発生時の物資供
給や一時避難の拠点、そして防災の啓発といった貢献活動
が期待されている。

イオンのBCMは、「情報インフラの整備」「施設におけ
る安全・安心対策の強化」「商品・物流におけるサプライ
チェーンの強化」「事業継続能力向上に向けた訓練計画の
立案と実行」「外部連携の強化とシステム化」の5分野か
らなっている。

全国780超の自治体や外部パートナーと防災協定を締結
しており、その中には陸上自衛隊の補給統制本部や各地の
方面隊も含まれている。

物流の観点からは、平時より取引先との連携により商品
の在庫状況を共有し、非常時においては必要な物資を迅速
かつ的確に届ける体制を整えている。

災害発生時の情報集約機能は、イオン小牧危機管理セン
ターが担い、首都圏直下型地震などが発生し、イオン
（株）本社が機能不全となった際は、代替対策本部として
の機能を受け持つ。

センターに行くと、大きなモニターが『Spectee Pro』の
画面を映し出しており、たとえば店舗の近くで火災や断水
が発生すると、即座に対応がなされていく。

イオンのような巨大企業に限らず、消費の最前線で生活者と密接な関係性を持つ企業は、大小様々に存在する。昔ながらの商店街も、場合によっては物資の供給基地や避難拠点になりうるかもしれない。もちろん、自身が被災者となるリスクもある。そのようななか、自らを守り、地域社会を守る「生活安全保障」のために、体制を整え関係機関と情報連携しながら防災DXを進めていくことは、もはや時代の要請となっている。

図3-6　災害時に最も効率的な支援ができるようにする

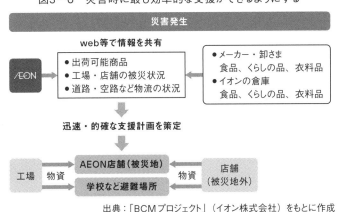

出典：「BCMプロジェクト」（イオン株式会社）をもとに作成

It is people who make the most of a company's
disaster prevention DX strategy

企業の
防災DX戦略を
活かすのは、
人である

企業は、法人格を有する組織である。会社を構成する複数の人々や設備、ノウハウなどの機能の総和によって、たとえば「株式会社Spectee」というひとつの人格を持った会社ができている。

　けれども、現実の肉体を持つ自然人と異なり、法人の人格はあくまでも「概念」である。生きた人間ならば五感を通じて得た情報を基に、脳がそれを処理し、意志に従って手足を動かしたり、行動したりする流れを一貫して行うことができる。

　これと同じことを企業が遂行するには、企業としての価値観や行動様式を共有するための統制（ガバナンス）が不可欠となる。「お客さま第一」をうたいながら、実際には自社の利益を優先する企業の事件がしばしばメディアを賑わすのは、このガバナンスが機能していないからに他ならない。

　企業における防災DXの成功も、実はこのガバナンスにかかっている。機械化や自動化を進め、万全なシステムを構築したとしても、それを用いる人間の側が目的を理解していなければその効果は半減してしまう。

　スペクティの社内では、「スペクティ・クオリティ」という言葉が流通している。正確な情報を適切なタイミングで提供することをコア・コンピタンスとする私たちスペクティは、情報の精度に関して責任を持つ必要がある。万一誤った情報を配信してしまったら、クライアントに多大な

影響を与えてしまうからだ。

　そこで自らに安易な妥協を許さず、「それはスペクティ・クオリティを満たしているか」という視点を、常に座右とする態度を、組織全体で共有している。

　防災に限らず、企業が行動の標準化を行ったり、業務のデジタル化を推進したりすることはよくあるが、導入して最初のうちは用いられても、しばらくすると活用の頻度が落ちていき、やがて誰も使わなくなるケースも少なくない。防災DXの推進に当たっては、「なぜそれが必要か」「それを活用することで自分たちのビジネスがどう前進するのか」に関する理解と共感を社内で形成することが、成功の秘訣である。

　非常時に稼働するシステムだからと言って、日常的にそれに触れていなければ、いざというときに役立てることができないかもしれない。特に情報や防災の担当セクションではない、製造や営業などビジネスの先鋒にかかわる人たちの理解が大切だ。

　また、企業の防災DXはBCPとも深くかかわってくる。BCPによる事業の継続や復旧・回復を効率的に行うために、DXが存在すると言ってもよい。この二つを一体のものとして、普段から部署部門の枠を超えて、理解を進めていってほしいと思う。できることなら、災害を想定した避難訓練の実施とともに、BCPのシミュレーションを行う

ことをお勧めする。発生した災害に対し、集めた情報を俯瞰して対処したり、判断したりするのは、最終的には組織に属する人間にかかっているのである。

Expected New Technology from Japan
Example of Toyota Motor Corporation

期待される日本の新技術

トヨタ自動車の全固体電池

ものづくり産業が活発な日本では、先進的なテクノロジーを有する製造業が多く、それらの企業で様々な取り組みが行われている。たとえば、トヨタ自動車のバッテリーをめぐる新技術だ。

　トヨタ自動車は2023年6月に行われた「トヨタテクニカル・ワークショップ2023」で、2027年から2028年に「全固体電池（All Solid State Battery）」の実用化を目指している、と発表した。
　スマートフォンやモバイル端末に用いられる電池としては、現在リチウムバッテリーが主流だ。軽量で容量の多いリチウムバッテリーは使い勝手がよく、いまや私たちの生活に欠かせないものとなっている。しかし、リチウムバッテリーには問題点がある。使われている電解液の性質上、他の電池に比べ発火の危険性が高いのだ。
　EVのバッテリーによる発火事故も多発しており、輸送中に火災を引き起こすことも過去にはあった。一度消火できても、自己発熱を続けて再発火してしまう可能性があるため鎮火も難しいとされている。
　この問題を解決する技術として注目されているものが、全固体電池である。簡単に言えば、問題となる液体の電解質を固体に変えてしまうことで、発火の危険性を抑える技術革新だ。

　電解質を固体に変えることで得られるメリットは、他に

第3章／企業における防災DX戦略　139

もある。まず、液漏れの危険がないため、電池自体の形状を変えることができる。表面に多少の傷がついても劣化が少なく、電池寿命を長く保てることもメリットのひとつだ。全固体電池を多層化すれば、小型で大容量、高速充電を可能とする次世代電池を作ることができる。

　トヨタ自動車はいずれ、全世界でこの全固体電池をすべてのEV車両に搭載することを視野に入れているという。

第 3 章／企業における防災 DX 戦略　　141

Expected New Technology from Japan
Semiconductor Manufacturing Equipment
Supporting the Digital Society

期待される日本の新技術

デジタル社会を下支えする半導体製造装置

半導体は、かつて日本のお家芸とも呼ばれるほど高い世界シェアを誇っていた。しかしバブル経済以降、「失われた30年」と呼ばれる経済低迷期にその力を減退させ、現在では外国企業にその座を奪われている。

　生成AIやEVの隆盛で半導体需要は世界的に高まっており、国内では供給不足のため交通系ICカードなどの製造ができなくなっているほどだ。それだけに、以前の勢いを懐かしむ声も少なくない。

　しかし実は現在でも、日本の技術がなければ半導体の供給は覚束ないのだ。なぜなら、半導体を製造する装置の生産はおよそ30％を日本のメーカーが占めており、しかも売上高ランキングの上位に、多くの日本企業が名を連ねているからである。

　半導体の製造工程は非常に細かいステップに細分化されており、その一つひとつに繊細かつ高度な技術を要する。半導体メーカーとのリレーションシップが重要なポイントとなるため、ランキング上位のほとんどの企業が、海外メーカーを中心に取引を継続している。

　製造に必要な薬液や超純水、感光材の優秀なプラントも国内に揃っており、品質を安定させるためのアナログな知見・経験も豊富だ。まさに、後進企業に真似のできない、わが国ならではのコア・コンピタンスである。

　半導体製造装置の市場規模は、2022年の時点で14兆円

図3-7 半導体製造装置 各国シェア

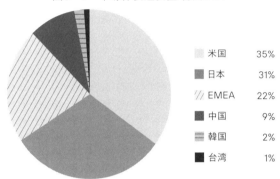

■	米国	35%
■	日本	31%
▨	EMEA	22%
■	中国	9%
▤	韓国	2%
■	台湾	1%

図3-8 主要半導体部素材 各国シェア

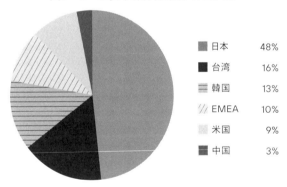

■	日本	48%
■	台湾	16%
▤	韓国	13%
▨	EMEA	10%
■	米国	9%
■	中国	3%

注:主要半導体材部素材品目(ウエハ、レジスト、CMPスラリ、フォトマスク、ターゲット材、ボンディングワイヤ)のシェア

出典:「令和3年度重要技術管理体制強化事業(重要エレクトロニクス市場の実態調査及び情報収集)」(OMDIA)より経済産業省作成資料をもとに作成

に達している。さらに2030年には、これが1兆ドル、すなわち100兆円規模に成長するという推計もある。日々進化していく半導体製造の工程で、質・量ともに世界の要求に応えるべく、日本のメーカーは今もR＆Dを重ねているのである。

　こうした多くの技術を守り、安定的に生産・供給をできるようにするためにもBCMは重要な役割を果たす。企業における防災DX、サプライチェーンの強靭化は日本がグローバル競争を勝ち抜くための「攻めの経営戦略」と捉えて取り組まなくてはならない。

第 4 章

グローバル
ケーススタディ
防災DXの
世界の動き

Disaster Prevention DX in the World

"OSINT" accuracy to improve with Society 5.0

Society5.0で向上する「OSINT」の精度

第1章で、年々進化を遂げる人工衛星の先進テクノロジーについて触れた。

地球全体を高い頻度で観測できるようになったり、衛星そのものの小型軽量化が進んだりと発展著しい分野だが、その一角を担っている日本初のベンチャー企業がある。東京都中央区に本社を置く、アクセルスペースだ。

2008年に設立された同社は、小型衛星を活用したソリューションの提案と提供を手掛けている。2章で紹介した福井の県民衛星「すいせん」を打ち上げたのも、この会社だ。

天気の予測に特化したウェザーニューズの衛星「WINISAT-1R」を打ち上げて以来、2023年6月までに合計9基の人工衛星を宇宙に放っていることでも知られており、同社が提供している地球観測データを利用するクライアント企業は、全世界に数百にのぼるという。

こうした民間企業の手による小型衛星の参入は、これまで活用が難しかった衛星画像やデータの量産化と低コスト化を可能にした。**はるか宇宙空間から、石油プラントの蓋の開け閉めを確認したり、駐車場に停められた車の数をカウントしたりといった離れ業が、以前より容易になったのだ。**

ロシアによるウクライナ侵攻は、本原稿を執筆している時点でまだ継続（2024年5月）しているが、衛星画像や

SNSの投稿を活用して政府や民間、さらには個人までもが分析に参加しているという点で、過去に類をみない事象になっている。

　誰かがロシア軍の攻撃を受けたウクライナの街並みをSNSにアップすると、別の個人が無料の衛星画像と比較しながらそれらを繋げていき、侵攻ルートを特定する。こうしたオープンデータをソースとした情報分析手法は、一般にOSINT（オシント）と呼ばれている。

　元来はOpen Source Intelligenceを略した軍事・諜報用語だ。画像や動画のデータには、多くの情報が詰まっている。秘められた手がかりをもとに、場所を特定する先の手法もそのひとつで、ジオロケーションと呼ばれるものである。

　解析のソースとなる情報は、基本的にオープンデータだ。対価を支払えば、場合によっては無料で誰でも手に入れられ、二次利用することができる。

　ウクライナ情勢を契機に、一般にも浸透することとなったOSINTだが、その嚆矢はオランダに本拠を置くベリングキャット（Belling Cat）という調査報道機関である。

　創設者であるエリオット・ヒギンズは、2011年に巻き起こった中東地域の民主化運動「アラブの春」で、最初のOSINTを実践したという。ネット上の動画と地図、衛星画像を使って、当時渦中にあったリビアの情勢分析を行っ

たのだ。

初期の段階では半ば趣味として、個人でOSINTに携わっていた彼は、その後仲間とともに2014年にベリングキャットを立ち上げた。

その名の通り、猫（Cat）の首に鈴をつける（Belling）イソップ寓話に由来したネーミングだ。

ネットワークを通じて専門的なスタッフが情報交換を行い、分析とレポーティングを行うスタイルで数多くの実績を挙げている。組織の設立直後にウクライナ上空でマレーシア航空機が撃墜された際には、ロシアの関与を示唆して名をはせた。

イスラエルのあるセキュリティアナリストは、「情報の9割はOSINTで得られる」といっている。Society5.0の時代には、衛星だけでなくIoTや交通、人流、ドローンなどから高品質で多彩なビッグデータが得られる。そこにAIによる分析や予測の自動化が加われば、OSINTの精度はますます上がっていくだろう。

際限なく蓄積されていく膨大な情報の海の中から、AIを使って必要なものだけをろ過して炙り出し、総合的に判断していく。それが現在のOSINTの真価であり、情報分析の世界標準と言えよう。

なお、東京都はOSINTに活用できそうなオープンデータを集約した「東京都オープンデータカタログサイト」を

第4章／グローバルケーススタディ　防災DXの世界の動き　　151

公開している。都内の浸水予想区域図や防災マップの避難所一覧データなど、13＋アルファのカテゴリーで一覧できるようになっており、活用事例を見たり、ほしいデータのリクエストもできるようになっている。

　オープンデータを使って作られた開発事例はサイトに反映され、また新たな活用のヒントとなっていく。まさにオープンデータと集合知のコラボレーションによる、参加型のOSINTを志向するケースと言ってよい。

　日本においてOSINTはやはり災害時の被害状況の分析に有効である。

　東京都のオープンデータカタログサイト以外にも、少し検索すれば非常に多くの公開データを入手することができる。たとえば気象庁には、自然災害に関する情報がわかりやすい形でまとめられている。小中規模を含む過去に発生した地震に関心を持つ読者は、同庁の「震度データベース検索」を一度ご覧になるとよいだろう。

　震度データベース検索（jma.go.jp）

　ここでは最近発生した順にリスト化がなされており、発生地震ごとに震央や各地の震度が表示される。条件検索を使えば、1919年以降の震度1以上を観測した地震データが得られるようになっている。

　ウェザーニューズでは、全国各地のユーザーからの空の様子の写真が毎日送られてきて、同社のウェブサイトに公開されている。こうした情報を雨雲レーダーなどの情報と

図4-1 東京都オープンデータカタログサイトホームページ

出典:東京都オープンデータカタログトップページ、東京都、クリエイティブ・コモンズ・ライセンス 表示4.0国際(https://creativecommons.org/licenses/by/4.0/deed.ja)

図4-2 OSINTと他のインテリジェンスの違い

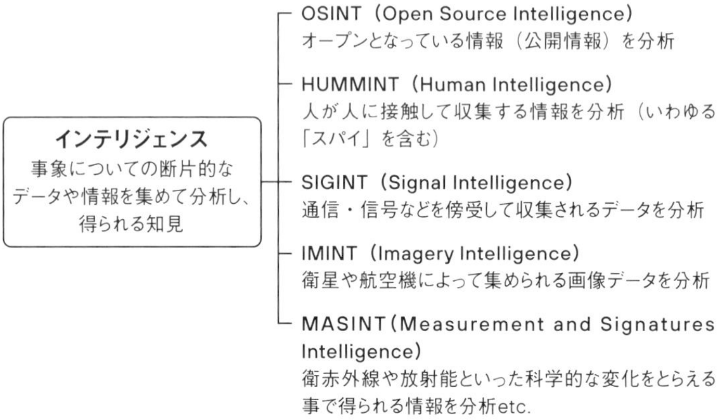

インテリジェンス
事象についての断片的な
データや情報を集めて分析し、
得られる知見

OSINT（Open Source Intelligence）
オープンとなっている情報（公開情報）を分析

HUMMINT（Human Intelligence）
人が人に接触して収集する情報を分析（いわゆる「スパイ」を含む）

SIGINT（Signal Intelligence）
通信・信号などを傍受して収集されるデータを分析

IMINT（Imagery Intelligence）
衛星や航空機によって集められる画像データを分析

MASINT（Measurement and Signatures Intelligence）
衛赤外線や放射能といった科学的な変化をとらえる事で得られる情報を分析etc.

出典：スペクティwebサイトより

組み合わせることで、ピンポイントの天気の状況を知ることができる。

　スペクティでは、災害発生時にSNSや気象データ、衛星画像、自動車のプローブデータなどから分析した被災地の状況を、被害が発生している位置を正確に特定したうえで地図上にマップし提供している。それらの情報は、自治体や企業への提供を主体としているが、「Yahoo!災害マップ」を通じて、一般にも公開している。災害時にはぜひ活用していだければと思う。

図4-3　リスク分類

■経済　■環境　■地政学　■社会　■テクノロジー

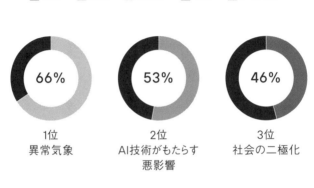

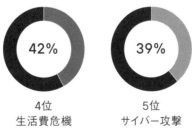

出典：スペクティwebサイトより

第4章／グローバルケーススタディ　防災DXの世界の動き　155

Disaster Prevention DX in Europe,
the U.S., Japan

欧米と日本、アジアの防災DXの違い

情報の取得や分析に関する技術、手法が日本よりも欧米諸国で発展してきたのには、やはり安全保障の側面が強い。

　衛星の画像解析やドローン、ロボットの技術もまず軍事をベースとして先鋭化が進められてきた。我が国が優れた技術開発力を持っていながら、最先端の分野で欧米に水をあけられているのは、そうした理由によるのかもしれない。

　むしろ日本では、**民間で開発された技術や製品が、海外で軍事に転用されることや、それを狙った情報流出を防ぐ**という方向に注意を注いでいる。

　アメリカでは特に軍事目的で開発された先進のテクノロジーが、民生化されて広まっていく印象がある。

　そもそもコンピュータやインターネット自体が、アメリカにおける軍事利用を起源とするものなのだ。そうして進展した技術を活用して、気象災害や大規模火災、紛争の拡大に備える体制が整備されてきた歴史がある。

　西海岸側は環太平洋火山帯に属し、ハリケーンや竜巻、山火事などの自然災害も決して少なくはないのだが、多大なコストをかけてまで真正面から取り組むというよりは、軍事に付随させて防災にも活用するスタイルのようだ。

　ヨーロッパも互いに国境を接する国々が多く、かつては地政学的に国防を意識せざるを得なかった背景を持つ。

　しかし大戦後は汎欧州的な共同体意識がはぐくまれたこ

ともあってか、どちらかと言えば近年は地球環境的な視点を優先する考え方が強い。大雨や洪水の発生原因をたどっていくと地球温暖化に行き当たり、それを解決するためのグリーンテックであったり、法整備であったりという方向に進むのが欧州流である。

　日本に目を戻すと、そもそも政策的には軍備の強化を志向しない国柄であるし、脱炭素化の研究なども大学などでは行われているものの、それほど盛り上がっているわけではない。
　むしろ何世紀も前から治水に高い関心を払ってきた農業国らしく、起こってしまった自然災害に対しての対応という視点から、防災に取り組む考え方が主流をなしている。
　災害時に避難経路を自動で表示し、誘導する技術であるとか、備蓄品の管理や避難所運営の効率化への取り組みなど、災害そのものを抑えるよりもむしろ、起きた後どう万全にケアするか、に人々の関心が向いている。「自然災害は起きるもの」という前提が共有されている。

　では、日本以外のアジア諸国はどうだろうか。
　ロケット技術の項でも述べたが、中国も含めて基本的にアジアの国家は、防災についてはいまだ発展途上である。
　たとえば2013年11月、台風「ヨランダ」（アジアではハイエンと称される）によってフィリピンが多大な被害を被った。

このときはレイテ島の建物の80％が倒壊し、命を落とした人の数は8000人を超えると言われている。台風そのものや、洪水が原因というよりも、高潮が沿岸地域を襲ったことによる被害が大きかった。台風の通過によって、大津波と同規模の高潮が発生したのである。

　これを教訓としたフィリピン政府は被害にあった地域一帯を封鎖し、住民の住居を高台へ移転させた。実際に現地に行くと、沿岸部には、はっきり"No Residential Area"と記載された標識が立っている。
　ところが、数年たつと住民が再び舞い戻ってしまった。警告表示を完全に無視し、以前の場所に住み着いているのだ。漁を生業とする人々は災害の記憶よりも、船を出しやすい沿岸部で生活する利便性を優先するのである。
　高潮を防ぐ防潮堤も建設が進められていたのだが、いつの間にか途中で止まってしまっている。明らかに、工事半ばで途切れているのだ。

　フィリピンには火山があり、地震も台風もやってくる土地なので防災のニーズは高いレベルで存在する。
　英語が公用で用いられることもあって、スペクティとしても海外進出の橋頭堡として現在サービス展開を進めている。各自治体の防災担当セクションが置かれている事務所は、簡素なプレハブ建てのところも多く、ITなどのシステムの導入はまだ遅れている。行政として防災にしっかり

第4章／グローバルケーススタディ　防災DXの世界の動き　159

取り組む体制がまだ未整備な印象を受ける。

　アメリカとの関係が近いせいか、ソフトなどは米国のものをそのまま使用しているケースが多く、自国の災害に合わせた実用的なものとは言い難い。

　運用面での課題もある。

　以前日本のODAで、500台ほどの防犯カメラシステムをフィリピンに導入したことがある。モニタールームなども整備して臨んだのだが、現在でも稼働しているのはかろうじて3割ほどだという。残りの7割は高性能の日本製カメラということで、盗難にあってしまいそのまま放置されている状況なのだそうだ。

　貧富の差が激しく、問題が多いと思われるフィリピン。しかし実はマイナスの側面ばかりがあるわけではない。たとえばスマートフォンの普及率が高く、SNS、特にFacebookを利用する人々が非常に多い。自治体の消防や警察では、電話の代わりにFacebookのメッセンジャーを活用して通報を受けているほどだ。

　「リープフロッグ型発展（Leap Frogging）」という言葉がある。"蛙飛び"という意味だ。社会インフラが未整備な地域や国家において、ある技術の流入により一足飛びに発展する現象を表している。電話を例に挙げると、先進国では電話が発明されたのを受け、固定の電話機が登場し、電話回線網が敷かれて、電話ができるようになる。その後、ダイヤル式のアナログ電話からプッシュ式のデジタル回線

の電話に進化していく。そして、携帯電話が登場することにより、固定回線からモバイル通話へと変わっていく。そうした発展の過程を通って現代のスマートフォンにたどり着く。

　一方で、電話回線網が整っていない途上国では、そういった進化の過程をすべて飛ばして、固定電話より先に携帯電話、さらにはスマートフォンの普及が一気に進む。こういった現象が起きることが、リープフロッグの好例である。

　フィリピンでSNSの情報を活用した防災プラットフォームが確立されれば、状況が一気に改善される可能性があるのだ。

　日本はこれまで、政府のODAや各省庁による支援、また国際協力機構（JICA）などを通じて数々の国々の防災事業を支援してきた。火山噴火の被害が大きいインドネシアでは、メラピ火山・スメル火山の防災計画や広域防災システムの整備を行った。スリランカでは、防災強化のための数値モデル作成を支援している。過去の災害を乗り越え、それを糧として培ったノウハウ・テクノロジーを広く世界に広め、共有するのは防災大国・日本が国際社会で果たすべき役割のひとつである。

　アジア諸国が日本の「ひまわり」のデータを用いて気象観測を行っていることは既に述べたが、観測のためのイン

第4章／グローバルケーススタディ　防災DXの世界の動き　　161

フラが整っていないことに加え、それを活用し運用する人材の育成もまた、これらの国々では課題となっている。この二つは一朝一夕に完備することが困難である。

　グローバルに目を向けると、技術的な発展がこうした途上国にもたらす恩恵は大きい。

　グーグルのAI部門であるGoogle DeepMindの研究者たちは2023年9月、大西洋上で発生したハリケーン「リー」の動きに注目していた。カナダへの上陸の可能性が少なくとも10日後に見込まれていたが、気象予報の世界ではこれは"はるか未来"のことで、その進路を正確に予測することは難しい。公式の天気予報は、ハリケーンが北東部の主要都市に上陸するか、あるいは完全に外れるか、まだどっちつかずの状態だった。

　これに対してGoogle DeepMind独自のディープラーニングを活用したAIソフト「GraphCast」は、主要都市を外れ、ずっと北方への上陸を非常に具体的に予測していた。

　それから1週間半後、ハリケーンはGoogle DeepMindのAIソフトが予測した通りの場所を襲った。

　インフラが未整備な地域でこうしたAIを活用した災害予測のソフトウェアの導入が進めば、高価なハードウェアを購入しなくても防災能力は一気に発展する。まさにリープフロッグである。

　グローバル経済の時代には、世界のどこかで起こる災害が、必ず他の地域に波及して経済的な影響を及ぼす。その

意味では、防災は単なる地域的な課題の域を超えるものとなっているのだ。

　災害大国であるわが国は、これまで培ってきた防災技術やノウハウを有しているが、国際競争の中ではまだ世界をリードするだけの存在感は出せていないのが現状である。

Specific examples of Disaster Prevention DX
in overseas and global society

海外および
グローバル社会に
おける、
防災DXの
具体的事例

日本の国内でも、その土地によって気象の状況や起きやすい災害の種類・程度には、ある程度の差が生じる。

まして海外となれば、地勢状況や社会体制の違いから、重点課題が大きく異なってくる。前項で欧米と日本、アジアの考え方の違いを解説したが、この項では個別の事例をクローズアップし、国際社会における様々な取り組みを紹介したい。

①医療DXが進むエストニアの取り組み

エストニアは、早い時期から国民の医療情報のデジタル化に取り組んできた国だ。すべての患者の処方データが電子的に記録されているため、患者のIDを入力すればいつどこにいても、薬剤師などがオンラインでアクセスできるようになっている。

患者を救急車で病院に運ぶ際には、迅速で適切な処置ができるよう搬送先の病院と連携して、あらかじめ過去の医療データを参照することができる。

エストニアをはじめ、ヨーロッパではカルテの電子化が進んでおり、北欧諸国などもその普及率が90%を超えているところが多い。多数の避難者や傷病人の発生が危ぶまれる大規模災害では、搬送や救命処置の優先順位づけを行わざるを得ない場合がある。そのような際にも、個別に既往症や過去の病歴が参照できれば、現場の負担が少なく済むであろうし、救命の確率もあがるはずだ。

② Google が推進する
アジア・アフリカ諸国の洪水予測

AI を使ったサービスの提供に積極的な Google は、2021年に人工知能の機械予測を活用した、洪水発生予測をインドおよびパキスタンで実施している。

両国合わせて 2300 万人の人々に対し、この一年間に大小計 1 億 1500 万回の警報が発せられた。

同社の試算によれば、このシステムを利用することで 4 割の人命を救うことができるという。河川に流量計が設置されておらず、自前の防災システムが脆弱な地域に対して、グローバル企業が国境を越えた貢献を果たしていくスタイルが、今後はひとつのスタンダードとなっていくのだろう。

2024 年 3 月の時点で、このサービスは Google マップや Android 端末を通じて、また専用サイトの Flood Hub によって、世界 80 カ国に提供されている。

③世界に広がる中国の交通顔認証技術

ロシアや中国では、防犯カメラを用いた顔認証と AI を連動させ、人物や動く物体を自動で把握する監視システムを社会実装させている。特に 14 億の人口を擁する中国は、膨大なビッグデータを資源として、デジタル情報による新たな社会体制の構築に意欲的だ。

交通機関やホテルの利用には身分証明書の提示が求められ、即座に身元が照会される。移動や支払いの履歴もデータとして蓄積され、記録に残る。信号無視などをすれば人相が特定されたうえ、街頭に設置されたスクリーンに顔画像が公然と表示されるほどだ。これにはさらに高額の罰金というおまけが付く。

　中国の通信会社華為技術（ファーウェイ）は、Safe Cityと呼ばれるこうした防犯カメラシステムを、海外に輸出している。ケニアの首都ナイロビでは、路上のあちらこちらにカメラが設置されており、指令センターを中継して警官の持つスマートフォンに連動するようプログラムされている。
　ズームも可能なこれらのカメラは、ナイロビとモンバサの二都市に1800カ所以上設置されており、車の監視用にはさらに別のストロボ付きカメラ網が用意されているそうだ。

　日本ではジョージ・オーウェルが描く監視社会のようなシステムは批判的に語られるが、治安が悪く犯罪の多発するナイロビのような都市では、いまのところ抑止力として歓迎されている。
　同社ではアフリカや中南米など90カ国を超える地域で、既にSafe Cityを導入、実用化しているとのことだ。

第4章／グローバルケーススタディ　防災DXの世界の動き　　167

顔認証のシステムは、災害時には交通状況や人流の把握に対し貢献が期待され、避難誘導にも力を発揮するポテンシャルを持っている。だが防災・防犯と個人情報管理のはざまで、特に社会体制が不安定な先進諸国以外の国々では、いまだ課題が残されていると言わざるを得ない。

④欧州の防災都市計画
スマートシティと国際連携

　ヨーロッパではEU政府の行政執行機関である欧州委員会（EC）の主導により、以前から情報技術を活用した防災都市のモデルケースづくりに、力を注いできた。

　複数の地方自治体の防災関連部署と、企業や研究機関が協働で取り組んできたプロジェクトの成功例としては、「URBAN FLOOD」がある。

　自らの手を使って堤防の穴をふさぎ、街を洪水から守った少年の物語で知られるオランダは、ネーデルラントという英名自体が「低い土地」を意味する。

　欧州では国をまたいだ大河川がいくつもあり、上流の水量増加が下流域の都市に与える影響は非常に大きい。水害や洪水への対策は、歴史的にも重大な課題となってきた。

　そこでこの「URBAN FLOOD」プロジェクトでは、総額408万ユーロの予算を組んで水位データを収集、AIがシミュレーションに基づいて被害状況を予測し、対策モデル

を提示するシステムを作り上げた。データから異常が見られる場合は関連部署に通知がなされ、担当者とともにリアルタイムで新たなシミュレーションを実施し、具体策を立てていく。

これを成功例として、欧州各国および米国で防災システム開発の専門家らによるワークショップが開催され、多くの都市で類似システムが稼働している。

ヨーロッパではデジタルテクノロジーの発展に伴い、防災だけでなく医療、食料、交通、金融、エネルギーといった生活にかかわるほぼすべての領域で、最適化を図っていく「スマートシティ構想」が盛んである。

医療DXを進めるエストニアは、国自体をスマート化する「スマートネーション」という概念で語られることもある。そのエストニアのタリンと、フィンランドのヘルシンキは海を挟んで対岸に位置する都市同士だが、共同でスマートシティ化に取り組んでいるという。

中長期的視野では、ヨーロッパ全体をスマート化で連結する「スマートヨーロッパ」なる概念も登場した。これはコミュニケーション・エネルギー・モビリティの3つのカテゴリーで、次世代型の社会インフラを一体的に構築し、脱炭素化と経済発展を同時に実現しようという構想である。

日本及びアジア地域においても、スマートシティ構想が推進されている。2023年10月には、茨城県つくば市でASEANスマートシティ・ネットワーク ハイレベル会合が開催された。この会合では日本が議長国となり、「防災−レジリエンス」をテーマに、参加国のデジタル化成功事例を共有している。

　インドネシア、タイ、フィリピン、ラオスなど加盟7カ国から自治体担当者やスタートアップ企業など約250名が参加、多様なステークホルダーとの関係性を構築する必要性などについて、認識を深めた。また、国ごとに異なる課題を超えて、相互に知見を学びあう重要性について議論がなされた。

⑤マイクロソフトのBuilding Scale VR

　マイクロソフトが開発するビルディングスケールVRは、言ってみればビル単位で構築したデジタルツインを用いて、仮想的に避難訓練を行えるようにするシステムである。

　室内の仮想空間を構築する際は、センサーカメラとロボットを使って三次元でキャプチャ、実空間と同スケールのバーチャル建築を作り上げる。体験者はVR装置を身に着け、相互に共有した位置情報によって複数人での体験も可能になるという。

この試みは、実際の災害に遭うという体験が不可能な現実の建物のなかで、人々がどのような動きをするのか、またどのような事象が起こりうるのか、といった潜在的な危険性をシミュレートし、知見をもたらすことに貢献する。

ビルディングスケールVRを防災に活用する研究は、わが国では名古屋大学大学院情報学研究科の長尾研究室で行われている。実世界の状況をリアルタイムに反映させたり、音や触覚を仮想空間に自動生成したりすることで、複数の人間の行動や物理的現象をシミュレートしていく。この技術を応用し、火事や地震による状況の変化をバーチャルに体験する研究が進められている。

⑥グローバル時代に求められる、防災情報の多言語化

人流の国際化に伴い、その国の言語に対しても表層的な理解しかできない外国人居住者が増加する。我が国では交通機関の案内表示などで多言語表記が進んでいるが、防災の面でも今後は自治体レベルでの対応が必要となってくる。

静岡県浜松市ではおよそ2万7000人の外国人が市内に居住しており、その数は市の人口の3%を超えている。これまでは津波警報などの防災情報をメールで配信しており、

担当者が人力で英語・ポルトガル語・わかりやすい日本語の3パターンを作成し、届けていた。

　市内には大規模河川も存在し、また南海トラフ地震の危険性も考えられることから、市ではこうした防災情報がいずれ間に合わなくなることを懸念、2023年9月に防災情報のシステムを自動化に切り替えた。

　新システムの基幹をなすのは、データを自動入力するRPA（ロボティック・プロセス・オートメーション）とAIだ。避難を指示する定型文や、河川、避難所を示す固有名詞をあらかじめ登録しておき、発せられた災害情報に合わせてRPAが自動で翻訳文を生成する仕組みとなっている。翻訳に要する時間は約5分と、従来に比べ効率は格段にあがったという。

　神奈川県の綾瀬市、宮崎県都城市でも同様の取り組みが進んでおり、スマートフォンでは多言語に対応した防災マップを利用することができるようになっている。

おわりに

2011年、東日本大震災を契機に創業した私たちは、様々な試行錯誤を経て災害時の被害状況をリアルタイムで伝える「Spectee（スペクティ）」をリリースした。併せて自らの社名も「株式会社Spectee」と変更した。この名は、私たちのビジネスの方向を決定づけた。

語源である**"spect"は、ラテン語を起源とする英語の接辞で「見る、眺める」という意味を包含する**。他の言語要素と組み合わされることで、視覚に関連するいろいろな言葉を形作る。「pro」と組み合わせればProspect（見通し、見込み）に、「ex」を繋げれば、Expect（予期する、期待する）、後ろに「acle」をつけるとSpectacle（壮観、眺望）、人を表す「or（er）」をつけると、Spectator（観客、観戦者）という意味を表す言葉となる。

スペクティの提供価値は、この名の通りまさに発災現場を「見ている」かのように、情報を「可視化」することにある。そして、この名前に呼応する形で会社のミッションを「危機を可視化する」として掲げている。本書の文中でも書いたが、災害による影響を少しでも弱めるために、あらゆる情報をリアルタイムに分析し、可視化していく。

そのことを通じて、災害に負けないレジリエントな社会をつくる、これが私たちに期待される社会的な使命、企業としての存在理由だと考えている。

　2024年は、元日の能登半島地震に始まる波乱の年であった。今後起こる可能性が高まっている南海トラフ巨大地震や首都直下地震、世界に目を向けると、気候変動や地政学的リスクなど、様々な危機に直面し不確実性の高い社会状況が浮かび上がってくる。

　EUの気象情報機関「The Copernicus Climate Change Service」のレポートによると、**2023年の世界の平均気温上昇値は1.48℃**となり、観測史上の最高値を塗り替えてしまった。各国の努力にもかかわらず、2015年のパリ協定およびその後の交渉で国際社会が目標とした、気温上昇値の1.5℃にほぼ迫ったのである。

　ロシアとウクライナ間で続いている戦争状態はいまだ収束を見せず、東アジアでは北朝鮮の弾道ミサイル発射が相次いでいる。

　また全世界各地、およそ60カ国で重要な選挙が実施されることもあり、2024年を「選挙イヤー」と呼ぶ人々もいる。その中にはアメリカの大統領選、台湾の総統選挙、インドの大統領選、そして戦争の当事国であるロシアとウクライナの大統領選挙も含まれている。

　世界人口の約半数が有権者に当たるこの一大イベントの

174

結果が、今後の国際社会の方向性に大きな影響を与えるのは間違いない。

　本書では2040年を技術革新のエポックとして想定し、Society5.0の世界で期待される防災の姿を描いた。それは日々移り変わっていく気候変動リスクや地政学的リスクをデジタルテクノロジーを活用し、適切な対策を適切なタイミングで打ち出して、総合的なレジリエンスを高めていくことに他ならない。うまく活用することで、AIやDXはリスクを最小限に抑えるための強い武器となる。

　しかしデジタルテクノロジーを活用する主体は、あくまで人間である。その使い方の判断を見誤ると、人類の幸福とは逆の効果を発しかねない。防犯防災カメラやセンサーシステムの拡充は、危険を未然に察知する電子の目を増強させるが、一方で監視社会の到来をもたらす危険性をはらんでいる。

　本書執筆中に、大学入学試験で受験生がスマートグラスを悪用した不正入試事件が発覚した。発災の避難支援やバーチャルな防災訓練などにも活用でき、防災分野では大きな期待がかかるスマートグラスだが、新しい技術の望ましからぬ活用法を思いつく人間はいつでも存在する。本書の中でも軍事技術とともに発展する防災テクノロジーの例を挙げたが、テクノロジーそのものに良い・悪いがあるの

おわりに　　175

ではなく、それを使う人間の思想次第で、テクノロジーに明暗が生じるのである。

　私たちは、人々の幸福に貢献するという決意をもって、デジタル技術を活かしていきたいと考えている。
　そのためには、私たち一人ひとりが知恵と経験と想像力とを結集して、「未来を視る」集合知を形成していくことが大切だ。本書がその契機となることを願うとともに、防災の明るい未来の到来を祈って結びとしたい。

2024年10月　村上 建治郎

村上建治郎（むらかみ・けんじろう）

株式会社Spectee代表取締役CEO
1974年東京都出身。米国ネバダ大学理学部物理学科卒業後、ソニーグループのIT関連会社に就職し、デジタルコンテンツの企画等に従事。その後、米バイオテック企業にて事業開発、米ネットワーク機器大手のシスコシステムズにてパートナービジネスの構築等を経て、2011年に発生した東日本大震災での災害ボランティアの経験から、被災地の情報をいち早く正確に伝える情報解析サービスの開発を目指し、ユークリッドラボ株式会社（現・株式会社Spectee）を創業。2011年に早稲田大学ビジネススクールにてMBAを取得、2024年には文部科学省からアントレプレナーシップ推進大使に任命。著書に『AI防災革命——災害列島・日本から生まれたAIベンチャーの軌跡』（2021年、幻冬舎）がある。

2040年の防災DX

2025年1月31日　第1刷発行

著者　　村上建治郎

発行者　寺田俊治

発行所　**株式会社 日刊現代**

　　　　　東京都中央区新川1-3-17　新川三幸ビル
　　　　　郵便番号　104-8007
　　　　　電話　03-5244-9620

発売所　**株式会社 講談社**

　　　　　東京都文京区音羽2-12-21
　　　　　郵便番号　112-8001
　　　　　電話　03-5395-5817

印刷所／製本所　**中央精版印刷株式会社**

表紙・本文デザイン　三森健太（JUNGLE）
編集協力　ブランクエスト

定価はカバーに表示してあります。落丁本・乱丁本は、購入書店名を明記のうえ、日刊現代宛にお送りください。送料小社負担にてお取り替えいたします。なお、この本についてのお問い合わせは日刊現代宛にお願いいたします。本書のコピー、スキャン、デジタル化等の無断複製は著作権法上での例外を除き禁じられています。本書を代行業者等の第三者に依頼してスキャンやデジタル化することはたとえ個人や家庭内の利用でも著作権法違反です。

C0036
©Kenjiro Murakami
2025. Printed in Japan
ISBN978-4-06-537869-4